노력이 재능이라면

DŌSHITEMO GANBARENAI HITO-TACHI
:KÊKI NO KIRENAI HIKŌ SHŌNEN-TACHI 2
by MIYAGUCHI Koji
Copyright ⓒ Koji Miyaguchi 2021
Original Japanese edition published in 2021 by SHINCHOSHA Publishing Co., Ltd.
Korean translation copyrights ⓒ 2025 by ANOTHER UNIVERSE
Korean translation rights arranged with SHINCHOSHA Publishing Co., Ltd.
through Imprima Korea Agency.

이 책의 한국어판 저작권은 Imprima Korea Agency를 통해
SHINCHOSHA Publishing Co.,Ltd.와 독점계약한 또다른우주에 있습니다.
저작권법에 의해 한국 내에서 보호를 받는 저작물이므로
무단전재와 무단복제를 금합니다.

노력하지 못하는 아이들,
보호자, 지원자를 위한
실천 가이드 ———

노력이
재능
이라면

미야구치 코지 지음
송지현 옮김

또다른우주

들어가는 말

"노력하면 지원하겠습니다."

어느 회사의 경영자가 TV 프로그램에 출연해 이렇게 말하는 것을 본 적이 있습니다. 그는 감옥에서 출소한 사람들을 대상으로 이렇게 말했습니다. 그는 그들의 재활과 취업을 도와주는 지원 사업을 하고 있었습니다. 그에게 존경심이 생겼습니다. 그 프로그램에서는 새출발할 기회를 얻은 출소자들이 생기에 넘쳐 노력하는 모습을 보여주었습니다.

하지만 동시에 저의 뇌리에는 다른 생각이 떠올랐습니다.

'만약 그들이 노력하지 못한다면 어떻게 되는 걸까?'
'노력하고 싶어도 노력할 수 없는 사람들, 자꾸만 게을러지

는 사람들은 어떻게 되는 걸까?'

 이 의문은 전작인 『케이크를 자르지 못하는 아이들』을 썼을 때부터 계속 품고 있었습니다. 출소 후에 운 좋게 일자리를 얻었는데, 노력하지 않고 게으름을 피우는 사람들은 결국 해고당하게 될 것입니다. 노력하지 않으면 지원을 받기 어렵습니다. 하지만 해고되면 생활이 곤란해져 다시 범죄를 저지를 가능성이 커집니다. 그 경영자가 게으름 피우는 출소자를 바로 해고하지는 않더라도, 계속 봐주기는 어려울 것입니다.

 '어쩌면 애초에 노력할 수 없는 사람들, 자꾸 게을러지는 사람들이야말로 지원이 절실한 것이 아닐까?'

 학교나 집에서도 마찬가지입니다. 누구나 부모님이나 선생님에게서 "노력하면 분명 잘될 거야"라는 말을 들어 본 적이 있을 것입니다. 그런데 '만약 노력하지 못하면 어떻게 되는가, 처음부터 노력할 수 없는 아이들은 어떻게 되는가'에 대해서는 별로 들어 본 적이 없습니다. 대체로 우리 사회에서는 노력하지 않으면 보상을 받지 못합니다. 제가 이제까지 만나 온, 케이크를 자르지 못하는 비행 소년들이 바로 '노력해도 안 되고', '노력하는 것이 불가능'한 아이들이었습니다.

소아청소년정신과에서도 마찬가지입니다. 발달장애 등이 있는 아동은 병원에 가면 적절한 지원을 받을 수 있습니다. 하지만 지원이 필요한 아이 중 상당수는 애초에 그런 곳에 가지 않습니다. 지원해 줄 사람이 없고, 아무도 병원에 데려가 주지 않으니, 지원받을 수 없습니다. 그래서 장애나 결핍을 극복하기 위해 노력할 기회조차 얻지 못합니다.

같은 문제가 다른 곳에서도 일어납니다. 아이를 학대하는 부모가 사회적으로 큰 문제가 되고 있습니다. 그런 현실을 반영해 지자체에서 육아 세미나 등을 열면 젊은 어머니들이 어린애를 데리고 미소 띤 얼굴로 참석합니다. 물론 그런 것도 중요한 시도입니다.

하지만 저는 언제나 이면에 신경이 쓰입니다. '학대로 치닫고 마는 부모가 그런 세미나에 참여하고 싶어 할까? 정말로 지원이 필요한 대상은 사람이 많은 곳에 가기를 거북

해하거나 집안에만 틀어박혀 있어서 애초에 그런 세미나에 참여할 수 없는 부모가 아닐까?'

아무것도 하지 않는 것보다 무언가를 하는 쪽이 당연히 좋습니다. 하지만 그 이면에 정말로 지원이 필요한데 지원으로 연결되지 않는 사람들이 다수 존재합니다. 아이들을 학대하는 부모는 사회복지 실무자들에게도 공격적인 경우가 종종 있습니다. 도와주려다가 매도당할 수도 있습니다. 그런 경우 지원자 역시 부정적인 감정에 빠질 수밖에 없습니다. 별로 관여하고 싶지 않고, 지원하고 싶지 않다는 기분이 들 수도 있을 것입니다. 하지만 우리가 직면해야 하는 진실은 '지원하고 싶지 않은 상대니까 더욱 지원해야 한다'는 것입니다.

대학에서도 비슷한 일이 일어납니다. 저는 대학에서 학생들에게 "공부하고 싶은 마음이 있다면 자료는 얼마든지 제공하겠다"고 말하지만, 그 이야기를 듣고 적극적으로 나서는 학생은 거의 없습니다. 애초에 공부할 마음이 있는 학생은 스스로 자료를 찾고, 먼저 제게 찾아와 "좋은 자료 없나요?" 하고 묻습니다.

'공부하고 싶은 마음이 있다면 자료는 얼마든지 제공하

겠다'는 말의 이면은 '할 마음이 없다면 방치된다'인데, 제가 정말로 노력하길 바라는 사람은 의욕이 별로 없는 학생입니다. 이것이 모순임을 잘 알고 있지만 정말 어려운 문제입니다.

성적 우수자에게 주는 장학금 제도도 마찬가지입니다. 노력해서 장학금을 탈 수 있는 학생은 괜찮습니다. 노력해도 그런 장학금을 받을 수 없는 학생이 밤낮으로 아르바이트를 하느라 학업에 소홀해지고 학점이 부족해지는 악순환에 빠진다는 것을 알게 된 후, 오히려 성적 장학금을 받을 수 없는 학생이야말로 장학금을 주고 지원하는 게 좋지 않을까 생각하고 있습니다.

얼마 전 고등학교를 중퇴한 청소년의 이야기를 들었습니다. 고등학교는 의무교육이 아니니까 학교에 가지 않으면 퇴학당합니다. 학교에 올 수 없는 학생이야말로 실은 지원이 필요하다는 것을 고등학교 선생님들은 잘 알고 있을 것입니다. 하지만 이런 학생들은 결과적으로 고등학교 중퇴라는 학력으로 잘려 나간 후 점점 더 지원에서 멀어지는 것이 현실입니다.

'노력하는 사람을 응원합니다'라는 말은 자주 듣지만 '게으름 피우는 사람을 응원합니다'라는 말은 들어 보지 못했습니다. 노력하려 해도 할 수 없어서 결과적으로는 게으름을 피우는 것처럼 보이는 경우도 있을 것입니다.

그런 사람들을 어떻게 지원해야 좋을 것인가. 이는 앞으로 현대 사회가 고민해야만 하는 문제입니다. 노력할 수 없는 사람들에게도 노력해서 '사회에서 인정받고 싶은' 마음이 분명히 있을 것입니다. 출소자를 받아들인 회사 중에는 그들이 노력하지 못해도 몇 번씩 기회를 주면서 절대로 외면하지 않고 함께 달리며 지원하는 곳도 있습니다. 몇 번씩 기대를 저버린 청소년들을 끝까지 지켜보며 갱생으로 이끈 몇몇 시도도 있습니다. 이러한 사례를 알게 되면서 지금은 노력할 수 없는 사람들도 언젠가는 바뀔 수 있다는 희망을 강하게 품었습니다.

이 책은 이처럼 노력이 어려운 사람들에 대한 책입니다. 당사자들은 어떻게 느끼고 있는가, 주변 사람들이 도와줄 방법은 없는가, 소소한 응원이나 배려를 통해 개선할 수 있는 점은 없는가, 잘되라고 하는 일이 역효과를 부르지는 않는가, 중요한 점을 놓치고 있지 않은가. 이러한 관점에서 함께 생각하고 싶습니다.

　여기서 제가 말하는 '지원자'란 직업으로서 도와주는 사회복지사나 의료인, 소년원 교관, 관련 분야 종사자뿐만 아니라 노력하지 못하는 사람들 주변에서 다양한 역할을 하며 그들을 도와주는 보호자, 가족, 친구, 학교 선생님, 회사 관리자 등 모든 사람을 가리킵니다.

　여러분 주변에도 조금만 더 노력했으면 하는 사람들이 있을지 모릅니다. 부모라면 아이, 선생님이라면 학생, 관리자라면 직원, 경력자라면 신입 직원에게 시도하는 모든 응원과 지원을 다루므로 누구라도 자신의 상황에 대입해 볼 수 있을 것입니다.

　1장은 전체의 개요를 파악하기 위한 나침반으로서 2장부터 8장까지의 중심 내용을 정리했습니다. 1장을 읽고 난 후 나머지는 흥미 있는 장부터 읽기 시작해도 좋습니다. 조금이라도 편안한 독서가 되길 바랍니다.

　이 책은 전작 『케이크를 자르지 못하는 아이들』에서 미처 다루지 못했던 내용을 수록하는 한편 전작을 보완하며 무엇보다도 지원 방안에 대해 상세하게 다루고 있습니다. 이 책을 읽기 전에 전작을 살펴본다면 이 주제를 더 깊이 이해하는 데 도움이 될 것입니다.

　이 책에 등장하는 인물들의 이야기는 개별 사례를 부각하지 않기 위해 몇몇 사항들을 조합해서 일반화한 가상의 예시입니다.

차례

들어가는 말 • 4

제1장 '노력하면 지원한다'라는 압박 • 17

'하면 된다'라는 속박 | '노력하면 도와준다'는 말의 이면 | 노력하지 않아도 괜찮다는 세태 | 노력하지 못하면 어떻게 되는가 | 무심코 한 말이 의욕을 빼앗는다 | 나도 노력하고 싶다 | 지원하기 싫은 사람이야말로 지원해야 한다 | 지원자도 지원해야 한다

제2장 노력하지 않아도 되는가 • 33

노력한다는 말의 의미 | 노력해 온 사람에게 건네는 위로 | 아직 충분히 노력하지 않았다면 | "이대로 괜찮아"는 정말 괜찮은가 | 아이는 어떻게 생각하고 있는가 | 착각이 장애를 만들어 내기도 한다 | 중등도 지적 장애 소년의 극적인 향상 | 무리하지 않는 것과 노력하지 않는 것은 다르다 | 일을 쉽게 그만두는 세태

제3장 노력하지 못하는 사람들 • 49

평가받지 못하면 '해냈다'고 할 수 없다 | 돈이 되지 않는 일 | 힘든 삶의 악순환 | '노력해도 안 되는 아이'가 있다 | 스포츠도 마찬가지 | 약한 인지 기능 | 예측력 부족 | 범죄와의 관련성 | 현실적인 목표를 세우기 어렵다 | 매슬로의 욕구 5단계설 | 나도 그들처럼 되고 싶다

제4장 의욕을 꺾는 응원 • 71

의욕을 꺾는 어른 | 역효과를 낳는 격려 | '공부 좀 해라'라는 말이 효과 없는 이유 | "그런데~" | 소년원생 보호자들의 공통된 경험 | "좀 더 잘할 수 있어" | "그러니까 내 말을 들었어야지" | "너는 왜 맨날~" | 공부를 좋아하면 공부를 잘할 거라는 착각 | 보호자가 선생님 험담을 하면 | 사후 지원이 없는 가짜 지도 | 부적절한 칭찬 | 흉기가 되는 말 "부모의 사랑이 부족한 것 아닌가?" | 애정 없는 격려 | 자존감은 시들지 않는다

제5장 그래도 인정받고 싶다 • 99

'실패할 거예요, 앞으로도.' | 이런 나도 이해해 주었으면 | 방구석 외톨이여도 콘서트는 갈 수 있다 | 소년원생들의 세 가지 소원 | 이게 있으니까 노력할 수 있다 | 의욕 스위치를 어떻게 누르게 할 것인가 | 노력하고 싶지 않은 이유 | 의욕으로 이어지는 세 단계 | 누구나 행복해지고 싶다

제6장 어떻게 도와줄 것인가 • 125

지원자의 마음가짐 | 대하기 싫은 사람이야말로 지원이 필요하다 | 지원자의 세 가지 태도 | 행동의 배경을 생각하며 대하는 것 | 의욕을 끌어내는 세 가지 토대 | 안심의 토대 | 페이스메이커 | 도전할 수 있는 환경 | 상대의 불안을 알아차리기 | 일관된 지원의 중요성 | 성취감에는 타인의 승인이 필요하다 | 무엇보다 중요한 것은 미움받지 않는 것 | 함께 넘어지면서 앞으로 나아가기 | 말만 조심해도 점수를 딴다 | 음식으로 표현하는 따뜻한 환대 | 미소를 잊지 말자

제7장 보호자를 지원하자 • 169

우선 보호자를 지원하자 | 아이가 바뀌면 어른도 바뀐다 | 보호자의 방식을 억지로 바꾸지 않는다 | 특효약은 없지만… | 사회로 이어주는 다리

제8장 '미소'와 '환대' • 183

우울증으로 고통받는 교사와 의사 | 시원사 사이의 갈등 | '미소'와 '환대' | 지원해야 할 상대는 가까이에 있다 | 못하는 나는 '예의 없는' 사람

나오는 말 • 193

'노력하면 도와주겠다'라는 말은
엄격한 조건부 응원이 될 수 있습니다.
애초에 노력할 수 없어서 힘들게 사는 사람들을
외면하는 일이 될 수 있습니다.

> 제1장

'노력하면 지원한다'라는 압박

'하면 된다'라는 속박

우리는 어린 시절부터 '노력하면 성공한다', '하면 된다'라는 말을 늘 들으며 자라났습니다. 이제 부모가 되어 보니 이런 말은 아이에게 의욕을 불어넣고 싶었던 어른들의 얄팍한 속셈에서 나온 것이었다는 생각이 듭니다. 그런 말을 하는 어른들 상당수도 어려서부터 매일 성실하게 공부한 경험은 많지 않을 것입니다. 어쨌든 아이들에게 이롭다고 여겨 아이의 속도나 능력은 보지 않고 "하면 되니까 노력해라"라고 강요합니다. 물론 실제로 하면 되는 아이가 있고, 그런 말을 듣고 의욕이 생기는 아이도 있습니다. '해도 안 된다'고 부정적으로 생각하는 것보다는 나을 수 있습니다. 여기서 제가 강조하고 싶은 것은 애초에 '안 되는 아이', '노력할 수 없는 아이'가 있다는 사실입니다.

제가 예전에 근무했던 의료소년원에서는 이런 소년들을 아주 쉽게 찾아볼 수 있었습니다. 인지 기능이 약한 경우가 많아 '노력해도 안 된다'는 경험이 어려서부터 몸에 배어 있었습니다. 몇 번씩 좌절을 맛보고 이미 의욕을 잃어버려 더 이상 노력할 수 없었습니다.

노력할 수 없는 이유는 단지 인지 능력이 약하기 때문만은 아닙니다. 한번 해 보고 싶다, 노력하고 싶다는 감정은 자아실현 욕구이기도 합니다. 심리학자 에이브러햄 매슬로가 제창한 욕구 5단계설에 따르면 자아실현의 욕구는 '생리적 욕구', '안전의 욕구', '사회적 욕구', '자아 존중의 욕구'라는 네 단계 욕구 위, 최종 단계에 있습니다. 기본적인 네 가지 욕구가 충족되지 않으면 자아실현 욕구는 뒤로 밀립니다. 3장에서 설명하겠지만, 비행 소년들의 가정환경은 별로 좋지 않습니다. 네 가지 하위 욕구가 충족되지 못한 경우가 많아, 노력해서 뭔가를 성취하고 싶다는 자아실현 욕구가 발휘되기 어렵습니다.

그동안 우리는 저마다 다른 능력과 배경이 있는 사람들에게 획일적으로 "노력하면 성공한다", "하면 된다"라고 응원해서 얼마나 많은 상처를 주었을까요? 우리 자신도 "노력했으면 성과가 있어야 한다"라는 속박에서 벗어나지 못한 상태입니다. 노력해도 안 되는 사람들, 노력할 수 없는 사람들의 존재를 직시할 필요가 있습니다.

'노력하면 도와준다'는 말의 이면

"노력하면 도와줍니다."
"노력한 아이를 칭찬합시다."
"꿈을 향해 노력하는 사람을 응원합니다."

이런 익숙한 표현이나 구호는 따뜻하고 친근하게 들립니다. "어떤 사람을 응원하고 싶습니까?"라고 물으면 "꾸준히 노력하고 열심히 하는 사람"이라고 대답할 사람이 많을 것입니다. 그렇습니다. 우리는 열심히 노력하는 사람을 응원하고 싶습니다.

어떤 의미에서 우리는 누군가를 지원할 때 다음과 같은 조건을 내거는 것인지도 모릅니다.

"만약 당신이 노력한다면 응원하겠습니다."

잘 와닿지 않는다면 지원이나 응원을 돈으로 바꿔 봅시다. "만약 당신이 노력한다면 지원금 50만 엔을 드리겠습니다"라고 하면 어떨까요? 실제로 지원금, 장려금 같은 제도를 통해 지원이나 응원이 금전적 수단으로 이루어지는 경우도 많습니다. 학교에도 성적 우수자를 위한 장학금 제도가 있습니다.

반대로 생각해 볼까요? '노력하지 않는다면' 어떻게 될까요?

"노력하면 도와주겠습니다"는 말은
"만약 당신이 노력하지 않으면 지원하지 않겠습니다."
"만약 노력하지 않는다면 지원금은 지급하지 않겠습니다"라는 의미이기도 합니다.

노력하지 않는 사람에게는 지원도 응원도 없다는 뜻이 됩니다. 이는 지원이 필요하지만 노력하지 못하는 사람들을 밀어내는 것이며, 결과적으로는 애초에 노력할 수 없어서 힘들게 사는 사람들을 외면하는 일이 될 수 있습니다. 즉 '노력하면 도와주겠다'라는 말은 엄격한 조건부 응원이 될 수 있습니다.

조건을 내건 응원은 바람직하지 못합니다. 어린아이에게 "장난감 사 줄 테니까 노력해"라고 물건으로 유혹하는 것과 마찬가지입니다. 물질적 보상으로 아이를 조종하는 육아가 바람직하지 않다는 것은 다들 잘 알고 있을 것입니다. 이에 대해서는 6장에서 '안심의 토대'라는 개념으로 설명합니다.

노력하지 않아도 괜찮다는 세태

한편 '노력할 필요 없어', '적당히 살자', '싫은 건 참지 않아도 돼'와 같은 세태도 주변에서 볼 수 있습니다.

이런 말에는 거북함을 느낍니다. 여기서 전제는 그 말을 듣는 대상이 원래 노력해왔고 열심히 해왔고 견뎌왔다는 것입니다. 이제까지 노력해 왔던 사람들에게 격려의 말을 건네는 것이지요. 액면 그대로 받아들여도 될 말이 아닙니다.

하지만 이런 말을 노력하지 못하는 사람들과 그들을 지원하는 사람들이 오해해서 잘못 받아들이는 경우가 있습니다. 특히 공부가 즐거워서 열심히 하는 아이는 별로 없을 텐데, 이런 풍조가 퍼지면 학생들이 공부를 안 해도 된다는 허락을 받았다고 착각하고 학업에 소홀해질 수도 있습니다.

지원자가 낮은 기준을 정하고 당사자의 의사를 확인하지 않은 채 더 잘할 수 있는데도 그 이상을 추구하지 않아서 잠재력을 발휘할 기회를 잃어버릴 수도 있습니다. 이에 대해서는 2장에서 '노력하지 않아도 되는가'라는 주제로 상세히 다룹니다.

노력하지 못하면 어떻게 되는가

여기서 중요한 차이를 확인할 필요가 있습니다. '노력하지 않는다'와 '노력하지 못한다'의 차이입니다.

'노력하지 않는다'라는 것은 일부러 하지 않는다는 의미로 볼 수 있습니다. 게으름을 피운다는 인상을 줄 수 있습니다. 한편 '노력하지 못한다'라는 말은 노력을 할 수 없는 상태라는 의미입니다. 예를 들어 지나치게 노력하다가 탈진해서 우울증에 걸렸다면 노력할 수 없다고 말할 수 있습니다. 이런 사람들에게 게으름을 피우고 있다는 시선은 부당합니다.

겉으로 판단하기 어려운 경우도 많습니다. '노력하지 않는다'와 '노력하지 못한다'는 타인이 객관적으로 구별할 수 있는 문제가 아닙니다. 당사자만이 알 수 있고, 당사자가 자각해야 할 부분입니다.

하지만 사회는 그런 차이를 용납하지 않습니다. 노력할 수 없는데도 노력하지 않는 걸로 간주되어 지원 대상에서 제외되기 쉽습니다. 그뿐만이 아니라 의욕이 없다, 게으르다, 늘 말만 앞선다 같은 부정적인 낙인이 찍힙니다. 3장에서는 이러한 '노력하지 못하는 사람들'을 다룹니다.

무심코 한 말이 의욕을 빼앗는다

우리 사회에는 노력하게끔 만들려는 온갖 격려가 넘칩니다. 물론 거기에 악의는 없습니다. 하지만 기운을 주려고 건넨 격려 한 마디가 반대로 의욕을 꺾을 때도 있습니다. "더 잘할 수 있을 거야"라는 격려를 예로 들면, 얼핏 좋은 말 같지만 '좀 더 잘할 수 있잖아'라는 기대가 상대에게 부담을 주기도 합니다. 이처럼 도리어 의욕을 빼앗아 버리는 격려를 자기도 모르는 사이에 하고 있지는 않나요? 이럴 때는 '아무 말도 하지 않는 것'이 의욕을 불러일으키는 최선의 지원이 되기도 합니다.

사실 노력할 수 있는 사람은 다른 사람이 격려해 주지 않아도 혼자서 힘낼 수 있는 사람, 다시 말해 지원이 필요 없는 사람입니다. 의욕을 빼앗는 말과 행동에는 어떤 것이 있는지 4장에서 다룹니다.

나도 노력하고 싶다

그렇다면 노력하지 못하는 사람 자신은 어떻게 느끼고 있을까요? 무리하지 않아도 된다는 말을 들으면 정말 편안해질까요? 사실은 노력해서 인정받고 싶지 않을까요? 좀 더 자기를 이해해 주었으면 좋겠다고 생각하지 않을까요? 그리고 노력하지 못하는 사람들은 정말로 노력할 수 없는 걸까요?

스스로 안 될 것 같다고 포기했던 비행 소년들이 어떤 계기를 통해 상상하지 못했던 노력을 보여준 예가 있었습니다. 자신들이 진짜로 바라는 것이 무엇인지 알게 될 때 그들도 노력할 수 있습니다.

그것이 무엇인지 그들의 '세 가지 소원'을 조사하고 해석했습니다. 노력하지 못하는 사람은 언제 제 실력을 보여줄 수 있는가, 그러기 위해서는 무엇이 필요한가. 그들이 지닌 자원을 살펴보고 미래의 희망으로 삼고자 합니다. 5장에서 이 내용을 다룹니다.

지원하기 싫은 사람이야말로 지원해야 한다

정말 지원이 필요한 사람들은 어떤 사람들일까요? 바로 우리가 별로 도와주고 싶지 않다고 느끼는 사람들입니다.

그런 사람들은 노력할 수 없어서 뭔가를 성취하기 어렵습니다. 그래서 자신감을 느끼지 못하고 '또 혼났다', '나는 안 돼', '어차피 모두 나를 바보 취급할 게 틀림없어' 같은 부정적인 사고, 피해의식에 빠지기도 합니다. 그들에게 호감을 느끼기는 어렵습니다. 피해의식에 빠져 있으면 친구가 친절하게 말을 건네도 '또 바보 취급이잖아' 하면서 폭력을 행사하기도 합니다.

'이렇게 아무것도 못하는 나를 버리지 않을까?'라는 불안 때문에 자신을 보살펴주는 어른들을 온갖 부적절한 방식으로 시험해 보기도 합니다. 거짓말을 하고, 돈을 몰래 꺼내 가고, 욕하거나 폭력을 행사하고, 소매치기를 하고, 한밤중에 거리를 배회합니다. 이런 행동을 반복하는 아이들을 진심으로 이해하고 지원해 주는 전문가들도 많지만, 일반인들에게는 '성가신 아이들'로 보일 것입니다.

이러한 아이들 다수는 발달상의 문제가 있어도 병원에 오지 않습니다. 다양한 문제를 일으켜서 경찰에 체포되고, 소년감별소(소년심판에 대비해 소년의 품성과 행농, 가정환경, 비행 가능성 등을 조사하는 곳으로 우리나라의 소년분류심사원에 해당 – 옮긴이)에 들어가서야 비로소 그 아이에게는 발달 문제가 있으며 좀 더 이른 시기에 특별한 지원을 받을 필요가 있었다는 것이 드러납니다. 그 실태를 『케이크를 자르지 못하는 아이들』에서 소개했습니다. 이러한 아이들이 어른이 되면 더욱더 타인에게 이해받기 어렵습니다. 노력하지도 않으면서 투덜거리기만 하고 불만을 터뜨리며 남 탓만 하는 사람으로 보이기 쉽습니다. 그런 사람은 지원하고 싶기는커녕 별로 얽히고 싶지 않다고 느끼는 게 인지상정 아닐까요?

아이를 학대하는 부모에 대해서도 그와 비슷한 감정을 느낄 것입니다. 그런 부모를 보면 분노가 먼저 올라오게 마련입니다. 하지만 아이들을 위한다면 학대하는 부모야말로 지원이 절실한 사람입니다. 여기서 딜레마에 빠지게 됩니다.

정리하면,
- 노력할 수 없으므로 지원해야 한다.
- 지원하고 싶지 않으므로 지원해야 한다.
- 문제를 드러내지 않으므로 도와주어야 한다.
- 스스로 오지 않으므로 지원해야 한다.

라고 할 수 있습니다.

그렇다면 어떻게 지원해야 할까요? 쉽게 풀 수 있는 문제는 아니지만 방법이 없는 것은 아닙니다. 노력할 수 없는 사람도 스위치가 켜지면 상상하지도 못했던 의욕을 발휘할 수 있습니다. 주위에서 지원해 주는 사람들의 인정을 받고 자신감이 생기기도 합니다. 지원하는 사람들의 딜레마, 즉 노력할 수 없는 사람들의 스위치를 누르는 법에 대해서는 6장에서 소개합니다.

지원자도 지원해야 한다

지원하기 힘든 사람들을 지원할 때 가장 중요한 것은 우선 지원자가 스스로 노력하자는 마음을 갖는 것입니다.

비행 소년의 보호자들은 일 년에 몇 번 소년원에 방문해서 보호자 회의에 참여하거나 교관과 이야기할 기회가 있습니다.

보호자를 지원하는 최선의 방법은
'다시 한번 이 아이를 위해 노력하자.'
라고 생각할 수 있게 돕는 것입니다.

'아이의 문제점을 전달하기', '부모의 양육 방식을 부정적으로 말하기', '이렇게 해야 한다고 지시하듯 말하기' 등은 정반대의 효과를 낳습니다. 그렇게 하면 보호자는 더욱더 자신감을 잃고 의욕도 상실하기 쉽습니다. 그러면 아이가 소년원을 나온 후에도 적극적으로 관여하지 않게 됩니다. 보호자에게 필요한 것은 "아이를 키우느라 정말 고생하셨습니다. 힘드셨을 거예요. 앞으로는(소년원에 있는 동안에는) 저희에게 맡겨 주세요"라는 격려와 위로입니다.

이제까지 아이 일로 학교에서 사과하고, 이웃에 사과하고, 경찰에게도 사과해 온 보호자가 '또 혼나는 건가'라는 생각으로 소년원 보호자 회의에 왔다가 정중한 대접을 받고 놀라는 경우가 적지 않습니다. 면회 올 때마다 예의 바르게 감사의 말을 전하게 된 아이를 보고 '이 아이를 위해 할 수 있는 일이 아직 있어' 하고 다시 기운이 났다고 이야기하는 부모도 있습니다. 비행 소년의 보호자는 노력하지 못하는 사람과 함께 사는 사람이라고 할 수 있습니다. 그런 보호자의 기운을 조금이나마 북돋울 방법을 7장에서 소개했습니다.

보호자가 아니라 직업으로 지원 업무를 하는 사람들의 마음도 살펴야 합니다. 현실에는 '노력하지 못하는 지원자'

도 있습니다. 지원자끼리 연대가 제대로 이루어지지 않는 것도 노력하기 어려운 이유 중 하나입니다. 때로는 서로 책임을 미루고 서로의 일을 방해하기도 합니다. 이런 문제에 대해서는 8장에서 다룹니다.

부모가 "공부 안 해도 돼"라고 하면
아이는 안심하고 더욱더 공부에서 멀어질 것입니다.
수업 내용을 이해하지 못하고 그냥 앉아만 있으면서
뒤처지고 또래들의 대화에도 참여하기 어려울 것입니다.
결국 학업에서 뒤처진 결과 힘들어지는 건 아이입니다.

> 제2장

노력하지
않아도
되는가

노력한다는 말의 의미

사전에 따르면 '노력한다(頑張る)'는 '내 뜻을 관철하다', '끝까지 인내하고 애쓰다'라는 의미입니다. 이 책에서는 일상적인 쓰임에 따라 두 번째 의미로 해석합니다.

그 밖에도 '무언가를 성취하기 위해 고난을 참고 애쓰다', '고난을 견디며 참아서 끝까지 한다'라는 의미도 있습니다. 노력에는 고난이 함께합니다. '고난을 견디지 않고 애쓰지 않아도' 성취하는 것은 부자나 천재로 태어나지 않고서야 어렵겠죠. 평범한 사람들은 어떤 형태로든 고난을 견디고 애를 써야, 즉 노력해야 살아갈 수 있습니다.

직장에 꾸준히 다니는 것은 쉬운 일이 아닙니다. 도시에 사는 회사원이라면 '매일 아침 일찍 일어나 사람들로 북적이는 만원 전철을 타고 출근'하는 경우가 많을 것입니다. 이 모습을 상상해 봐도 '고난을 견디며 참아서 끝까지 한다'라는 표현이 딱 들어맞습니다. 회사에 출퇴근하는 것은 노력이 필요합니다. 사람들은 대부분 어딘가에서 최선을 다해 노력하고 있습니다. 노력하지 않으면 일상생활을 유지할 수 없으니까요.

노력해 온 사람에게 건네는 위로

'노력하지 않아도 된다.'
'노력하지 않는 삶.'
'이제 참지 말자.'

우리는 이런 문구를 자주 접합니다. 이 말에 마음이 놓이는 사람도 많을 것입니다. 이 말들의 진정한 의미는 이제까지 최선을 다해 힘내 온 사람에게 더 이상 무리하며 노력하지 않아도 된다, 자신을 희생하면서 참지 않아도 된다는 뜻입니다. 특히 정신건강의학과 외래에서 자주 대면하는 우울증 환자에게 '힘내'라는 말은 금지입니다. 너무 힘을 낸 나머지 완전히 타 버려서 우울증에 걸린 사람도 많습니다. 그런 사람들에게 '힘내'라고 격려하면 '이것보다 어떻게 더 힘내라는 거냐'는 기분이 들고 오히려 부담을 느껴 증상이 악화하기 때문입니다.

하지만 이 말은 결국 '노력하고 인내하는 것이 당연하지만, 그렇게까지 과하게 하지 않아도 된다'는 의미입니다.

우리 문화에서는 결과를 내기 전의 과정도 중시합니다.

어떤 결과를 냈느냐만이 아니라 얼마나 노력했는지도 평가합니다.

제가 대학 입시를 치렀을 무렵 교토대학 입학시험 물리 과목 답안지는 오른쪽에 답을 적어야 했고, 왼쪽은 계산을 위해 비어 있었습니다. 그런데, 왼쪽에 쓴 내용도 채점 대상이었습니다. 즉, 실수로 답이 틀렸어도 왼쪽에 쓴 식이 맞았다면 일부 점수를 주는 방식이었습니다. 이런 채점 방식은 결과를 내기까지의 과정을 평가했다고 할 수 있습니다.

아직 충분히 노력하지 않았다면

"노력하지 않아도 돼", "더 이상 참지 않아도 돼"라는 말은 충분히 참고 노력해 온 사람들에게 보내는 위로의 말이지, 아직 노력하지 않은 사람에게 보내는 응원이 아닙니다. 하지만 이런 말들을 주변에서 흔히 접하게 되면서 노력하지 않는 사람들까지 오해하는 경우가 있습니다.

대표적인 예가 바로 초등학생들입니다. 늘 학교에 공부

하러 오지만, 아이들이 공부를 좋아하고, 학문의 세계를 알고 싶어서 공부하는 것은 아닙니다. 그보다는 부모님이나 선생님에게 혼나기 싫어서, 친구한테 지기 싫어서 같은 동기가 앞서는 경우가 대부분일 것입니다. 공부하기 싫어하는 아이가 안 해도 되는 핑계까지 있다면 쉽게 공부를 그만둘 것입니다. 특히 선생님처럼 신뢰하는 어른들이 "열심히 안 해도 돼"라고 말하면 금방 노력을 그만둘 것입니다.

하지만 어떤 형태로든 노력하지 않으면 이 사회에서 살아갈 수 없습니다. '노력하지 않아도 돼'라는 응원은 무책임한 말이 될 수 있습니다. 지금 그 상대가 직면하고 있는 문제 해결을 자꾸 미루게 만들 위험이 있습니다. 계산을 못하는 아이에게 "노력하지 않아도 돼"라고 할 게 아니라 "계산은 잘 못해도 한자는 잘하잖아. 계산도 연습하면 잘할 수 있어"라고 학습 동기를 불러일으키며 계산 연습을 시켜야 합니다. 그렇지 않으면 그 아이는 점점 수업을 따라가지 못하게 될 것이 확실합니다. 그 결과를 누가 책임질 수 있을까요?

"이대로 괜찮아"는 정말 괜찮은가

저는 아동 발달 상담을 하고 있습니다. 주로 학교 수업을 따라가지 못하는 초등학교 저학년 아이들이 보호자와 함께 오는데, "큰애는 공부 때문에 크게 맘 고생시킨 적 없는데 이 애는 점수가 너무 안 나와서요. 원인을 알고 싶어요"라는 사연이 많습니다.

그러면 지능검사를 비롯한 다양한 검사를 합니다. 내원하는 아이들은 경계선 지능(지적 장애로 분류되지는 않지만, 대략 지능지수 70~84 사이로 정상 영역을 밑도는 경계 영역에 있는 상태)인 경우가 많은데, 검사 결과를 전달하면 보호자들은 대개 "그렇군요. 그러면 이제 어떻게 하죠? 지금 할 수 있는 일을 하고 싶습니다"라고 말합니다. 반드시 좋아질 거라는 보장은 없지만 조금이라도 성장할 가능성이 있다면 부모로서 할 수 있는 것은 모두 해주고 싶은 마음입니다. 마찬가지 관점에서 의사도 역시 가능한 지원 방안을 알려드립니다.

그런데 이렇게 말하는 보호자도 있습니다.

"이 아이에게는 공부가 버겁겠네요. 자기 속도대로 느긋하게 살면 되겠죠. 공부를 못하는 원인을 알았으니 됐습니다."

보호자의 심정은 충분히 이해할 수 있습니다. 해도 안 되는데 공부를 강요하면 아이가 힘들어할 테니 가엾다는 마음일 것입니다. 하지만 저는 이런 의문이 들었습니다. '공부를 열심히 안 해도 된다.' 보호자가 이 문제를 마음대로 결정해도 될까요?

아이는 어떻게 생각하고 있는가

아이가 경계선 지능이라면 명백한 장애로 분류되지 않기에 초등학교 일반 학급에서 교육을 받습니다. 하지만 과거에는 경계선 지능이 지적 장애와 구분되는 질병이었습니다 (WHO 국제질병분류 ICD-8: 1965~1974년). 경계선 지능인 아이는 평균적인 아이를 기준으로 약 80% 정도의 발달 수준을 보입니다. 즉 만 10세 어린이라면 정신연령은 만 8세 정도입니다.

초등학교 4학년 교실에 2학년 아이가 섞여 있다고 상상해 보십시오. 아이는 앞으로도 초등학교 고학년으로 진급하고, 중학교, 고등학교까지 매일 공부하러 학교에 다닐 것입니다. 이 아이가 공부하지 않으면 어떻게 될까요? 수업 내용을 이해하지 못하고 그냥 앉아만 있으면서 동급생들에게 자꾸 뒤처질 것입니다. 동급생들이 나누는 대화도 따라가지 못해 고립되거나 집단따돌림을 당할 수도 있습니다. 결국 학업에서 뒤처진 결과 학교생활이 힘들어지는 건 아이입니다.

부모가 "공부 안 해도 돼"라고 하면 원래 공부하고 싶지 않았던 아이는 안심하고 더욱더 공부에서 멀어질 것입니다. 우리는 아이를 안심시키려고 '못해도 괜찮아', '다른 아이들과 똑같아지지 않아도 괜찮아', '남들과 달라도 괜찮아'라는 말도 곧잘 합니다. 이런 말들은 실제로 맞는 말입니다. 하지만 당사자가 진심으로 원하는 경우에만 그렇습니다. 주위의 어른이 아이의 감정과 가능성을 확인하지 않고 지금 할 수 있는 일조차 하지 않는다면, 오히려 아이의 가능성이 싹트지 못하고 장애가 고착될 수 있습니다. 그럴 때 피해를 보는 것은 아이들입니다.

물론 아이에게 물어봐도 자신이 뭘 원하는지 분명하게 말하지는 못할 것입니다. 아이는 공부를 왜 해야 하는지, 학업에 뒤처지면 어떤 결과가 따르는지 잘 알지 못할 것입니다. 하지만 자신이 그 아이라고 상상해 보길 바랍니다. 부모님이 아무리 괜찮다고 해도, 다른 아이들은 할 수 있는 걸 나만 못하면 상당히 괴롭고 힘들지 않을까요? 어른들이 '못해도 괜찮아'라고 말하면 당장은 안심할지도 모릅니다. 하지만 시간이 흐름에 따라 아이가 점점 더 힘들어지지 않을까요?

착각이 장애를 만들어 내기도 한다

지원자의 잘못된 판단으로 장애를 만들어 낼 위험성에 대해 저 역시 반성해야 할 경험이 있습니다. 의료소년원에서 근무할 때 지능지수(IQ)가 50 정도인 고등학생 나이의 소년이 들어왔습니다. 편의상 A라고 하겠습니다. IQ가 50이면 중등도 지적 장애에 가깝습니다. 공부는 물론이고 자립

하여 생활하거나 일자리를 구하기도 어려운 수준입니다. 간단한 대화는 가능해도 비유나 농담을 잘 이해하지 못하기 때문에 소통이 어렵습니다. A는 케이크를 삼등분할 줄 몰랐고, 히라가나는 간신히 읽었으나 한자는 읽을 줄 몰랐습니다. 계산도 못했고, 간단한 따라 그리기 역시 거의 하지 못했습니다.

A는 지적 장애인 시설의 직원에게 폭력을 행사해서 소년원에 송치되었습니다. 지적 장애가 있는 아이 중에는 화가 나는 일이 있어도 말로 잘 표현하지 못해 손이 먼저 나가는 경우가 있습니다. A는 진찰 중 계속 넋이 나간 표정으로 무엇을 물어도 "네", "네"라고 대답하며 일상적인 대화도 어려운 상태였습니다.

그러던 중 당시 소년원에서 실시하고 있던 인지훈련 (Cognitive Training. 학습의 토대를 만들기 위한 인지 기능 강화 훈련. 보고 듣고 상상하는 힘을 기르기 위해 종이와 연필을 사용해 훈련함) 대상자 선정이 시작되었습니다. 모두가 집중할 수 있도록 한 모둠당 10명 정도만 골라야 했습니다. IQ가 높아 지적 능력에 문제가 없는 소년은 이 훈련을 꼭 받을 필요가 없고, 반대로 IQ가 상당히 낮은 경우 역시 좀처럼 훈련 효과가 나타나지 않는다는 것이 밝혀졌습니다. 따라서 인지 훈련의 대상자는 경도 지적 장애나 경계선 지능인 소년 중에서 선정해 왔습니다.

중등도 지적 장애 소년의 극적인 향상

처음에는 A를 넣지 않고 모둠 구성원을 정한 후 소년원 측에 명부를 제출했습니다. 그런데 소년원 규칙을 거듭해서 위반한 한 명을 제외해 달라는 긴급한 요청을 받았습니다.

한편 A가 그런 훈련을 받고 싶어 한다는 이야기를 담당 법무교관(소년원 및 소년감별소에서 근무하며 소년들이 사회 복귀를 할 수 있게 지도·교육하는 전문 직원. 우리나라의 소년보호관에 해당 - 옮긴이)에게서 들었습니다. 아마 무엇을 하는지도 모르고 다들 하니까 재미있을 것 같아 하고 싶어 하리라 짐작했지만, 밑져야 본전이라는 마음으로 모둠에 넣기로 했습니다.

이후 일어난 일은 어쩌면 기적이라 해도 과언이 아닐 정도였습니다. 그 일은 제가 소년들을 지원하는 방식에도 엄청난 영향을 미쳤습니다. A는 다른 누구보다도 열심히 훈련에 집중했고, 묵묵히 몇 번이고 과제를 반복했습니다. 모르는 것이 나오면 몇 번이고 질문하곤 했습니다. 4개월 후, 훈련을 받은 소년들 전원을 대상으로 효과를 측정했는데, 학습의 효과가 거의 없다고 알려진 IQ 검사에서 A는 무려 90에 가까운(평균 100) 지수까지 올라갔습니다.

A의 일상생활은 몰라볼 정도로 달라졌습니다. 자발적인 발언이 늘었고, 신체의 움직임도 민첩해졌습니다. 물론 이 모든 것이 그 훈련 덕분만은 아니었고, 인지훈련이 계기가 되어 다른 영역에서도 노력한 결과였을 것입니다. 나중에 A는 운동회에서 소년원을 대표해 모든 구성원 앞에서 선서할 정도로 완전히 다른 모습이 되었습니다. 진찰할 때마다 A의 표정이 달라졌고, 마지막 진찰에서는 "공부를 이해할 수 있게 되었어요. 대학에도 가고 싶어요"라고 말했습니다.

중졸이었던 A가 대학의 의미를 어디까지 이해했는지는 모릅니다. 그때까지도 상당한 변화를 보이는 소년은 많이 보았습니다. 하지만 이렇게 극적으로 바뀐 소년은 A뿐이었습니다. 이 경험으로 저는 가능성이 있는 아이인데도 '시켜봤자 무리니까', '불쌍하니까'라며 처음부터 공부나 훈련을 시키지 않는다면 오히려 우리가 장애를 만들어 낼 수도 있다고 마음 깊이 깨달았습니다.

만약 그때 A를 선발하지 않았다면 어떻게 되었을지 모릅니다. "시켜봤자 본인만 힘들 뿐이니까"라며 아무것도 하지 않는 게 나았다고 과연 누가 말할 수 있을까요?

무리하지 않는 것과 노력하지 않는 것은 다르다

아이에게 지나친 부담을 주면서 무리하게 만드는 일은 피해야 합니다. 하지만 그것과 '노력하지 않게 하는 것'은 다른 문제입니다. 노력하고 애쓰지 않으면 이 세상에서 살아갈 수 없습니다. 의무교육 기간에는 보호자와 학교 선생님들의 보호 속에서 살아갈 수 있을지도 모릅니다. 하지만 직장에서는 열심히 일하지 않으면 해고됩니다.

어린이집에 다닐 때부터 노력파라고 불린 아이가 있었습니다. 어린이집에 다닐 때, 줄넘기 연습을 너무 열심히 해서 다리를 조금 다치는 바람에 부모가 "이제 열심히 안 해도 돼"라고 말렸다고 합니다. 그 후 부모는 이 아이가 무엇을 할 때마다 줄넘기 이야기를 꺼내며 "넌 노력파니까 너무 무리하면 안 돼"라고 말했습니다. 그러자 그 아이는 노력하지 않아도 된다고 생각하고 아무것도 하지 않게 되었습니다. 그래도 부모는 "할 땐 하는 아이니까"라고 안심했습니다. 결국 그 아이는 공부도 하지 않고 운동도 하지 않는 도전 없는 나날을 보냈습니다. 어른이 되고 나서 그 아이는 그때 부모님이 좀 더 열심히 하라고 해주길 바랐다고 이야기했습니다.

아이들에게 목표를 이루기 위해 무리하도록 몰아세우는 것에는 반대합니다. 하지만, 이를 오해해서 '노력하지 않게 만드는 것'이 되어 버린다면 이때도 피해자는 아이들일 것입니다.

일을 쉽게 그만두는 세태

요즘 사회 초년생들의 30%는 처음에 입사한 회사를 3년 안에 그만둔다고 합니다. 새로운 목표를 찾았거나, 다른 곳에서 자신의 가능성을 시험해 보고 싶어서라면 모르지만,

기대했던 조건과 달라서, 생각했던 일이 아니라서, 직장 내 인간관계에서 스트레스를 받아서, 급여가 낮아서 등이 주된 이직 사유라고 합니다. 맞지 않는 일을 무리해서 계속 열심히 할 필요는 없다는 사고방식은 부정하지 않습니다. 하지만 그것은 한동안 노력해 본 후에야 의미 있는 사고방식입니다. 노력해 보지 않은 사람이 '싫으면 그만둬도 돼'라고 생각한다면 정말 자신에게 맞는 일을 찾을 수 있을까요? 어떤 일이든 숙련되기 전에는 노력한 만큼 성과가 따르지 않아 보람을 못 느끼고 힘들게 일해도 인정받기 어렵습니다.

예전 경제 호황기 잡지 기사에서 이직 희망자가 '직장은 화장실이 얼마나 쾌적한가로 결정한다'라고 이야기했던 것을 읽은 적이 있습니다. 구직자보다 구인하는 회사가 훨씬 더 많았던 호경기라 가능했던 일입니다. 하지만 지금처럼 만성적인 저성장 시대에 전 직장이 마음에 안 들어서 그만두었다고 쉽게 내뱉는 사람을 적극적으로 채용하고자 하는 회사는 많지 않을 것입니다. 그런 사람은 새 직장에서도 노력해 보기 전에 마음에 안 든다며 금방 그만둘 수 있기 때문입니다.

자신의 문제나 과제를 깨닫고
'좀 더 나은 내가 되고 싶다'는 마음이 있을 때
변화하려는 동기가 생겨납니다.
하지만 인지 능력이 약해서
자신의 상태를 정확하게 파악하지 못하면
자신을 바꾸겠다는 마음도 생기지 않습니다.

> 제3장

노력하지 못하는 사람들

평가받지 못하면 '해냈다'고 할 수 없다

이번 장에서는 '노력한다, 노력하지 않는다' 이전에 노력해도 안 되는 사람들은 어떻게 해야 하는지 생각해 보고자 합니다.

'해냈다'와 '해내지 못했다'를 어떻게 정의해야 할까요? 아무리 스스로 해냈다고 생각해도 다른 사람이 보기에는 아무것도 해내지 않았을 수도 있습니다. 시험 점수라면 해냈는지 아닌지를 알기 쉽습니다. 쉬웠고 잘 풀었다고 생각한 시험의 점수가 나쁘고, 어려웠고 잘 못 풀었다고 생각한 시험의 점수가 높게 나오기도 합니다. 대학 입시 결과를 두고도 비슷하게 말할 수 있습니다. 아무리 노력했어도 결과가 나오지 않으면 '해낸 것'이 아닙니다. '해냈다'는 스스로가 내리는 평가가 아니라 결국 남에게 평가받는 것입니다. 결과를 내고 그 결과를 남에게 평가받아야 비로소 '해냈다'고 할 수 있습니다.

업무 중에 '이건 흥미도 있고 잘하는 분야니까 열심히 할 수 있다'는 느낌이 오는 것을 발견해도, 그 일이 실적으로 연결되지 않으면 회사에서는 '해냈다'고 보지 않습니다. '공부는 잘 못하고 시험 점수도 나쁘지만 게임은 몇 시간이고 집중할 수 있는 상태'와 마찬가지입니다. 좋아하는 일을 아무리 열심히 해도 그 일이 평가 대상이 아니라면 해냈다고 할 수 없습니다. 오히려 부모님은 게임만 하는 아이를 걱정하겠죠. 이렇듯 노력해서 '해냈다'는 말은 '학교나 회사 등 소속 단체나 분야에서 기대하는 바를 성취했다'라는 뜻입니다.

돈이 되지 않는 일

아무리 게임을 잘해도 그것으로 먹고살 수 없고 돈벌이를 할 수 없다면 게임을 열심히 연습하는 것은 자립할 수 있는 능력을 키우는 '노력'이 아닙니다. 어른도 마찬가지입니다. 아무리 취미 활동을 열심히 해도 그것이 경제적 성과로 연결되지 않으면 별종 취급을 받습니다. 생계 문제를 어느 정도 해결한 사람이라면 건전한 취미 활동에 열정을 바치는 것이 좋은 평가를 받을 수도 있겠지만, 돈 걱정에서 자유로운 사람들이 드물다 보니 돈을 벌 수 없는 일에 온 힘을 쏟는 것이 긍정적으로 평가받기 어렵습니다.

그런데 얼핏 비경제적인 활동처럼 보여도 그 일이 돈으로 연결되면 평가는 완전히 달라집니다. 요즘 이스포츠(e-Sports)가 주목받고 있습니다. 프로 선수도 많습니다. 우승 상금이 10억 엔을 넘기도 하고, 연봉 1억 엔이 넘는 플레이어도 있습니다. 방에 틀어박혀서 게임만 하는 줄 알았던 아이가 사실은 남몰래 억 단위의 돈을 벌고 있었다면 어떨까요? 노력하지 않는다는 말은 쏙 들어가고 부모로서 아이가 자랑스럽지 않을까요? 즉 그 아이에 대한 평가가 갑자기 '노력하고 있다'로 바뀌는 것입니다. 그 일로 생계를 유지할 만큼 돈을 벌고 있다면 '노력하고 있다'고 평가가 바뀌어도 이상하지 않습니다.

이상합니다. 노력한다는 평가를 받을 수 있는가가 극단적으로 말하면 '그 일이 돈이 되는가, 안 되는가'에 달려 있으니까요. 물론 자원봉사나 가사 노동 등 직접 돈으로 보상받지 못하는 유의미한 활동도 많습니다. 그런 일에 가치가 없다는 뜻이 아닙니다. 하지만 '노력하지 않는다'라는 말은 많은 경우 '돈을 벌지 못한다'라는 말로 바꿀 수 있는 것이 현실입니다.

힘든 삶의 악순환

좋아하는 일을 열심히 하며 생계를 유지할 수 있다면 가장 행복할 것입니다. 하지만 그런 행운아들은 소수입니다. 그럭저럭 버틸 수 있을 만한 일을 직업으로 선택하는 것이 최선인 경우가 많습니다. 또한 좋아하는 일을 직업으로 선택해도, 그 일을 직업으로 하다 보면 좋아하지 않는 일들도 해야 합니다. 아이들을 가르치는 일이 좋아 교사가 되었는데 온갖 행정 업무에 시달리거나, 공연이 좋아서 연출가가 되었는데 제작비를 얻기 위해 다양한 지원제도를 알아보고 투자자를 찾아 나서기도 합니다. 누구나 좋아하지 않는 일, 별로 하고 싶지 않은 일도 열심히 해야 살아갈 수 있습니다. 노력하지 못하는 사람들에게 좋아하는 일이 있다면 그 열정을 살리는 것이 좋지만, 생계를 어떻게 해결할 것인가라는 문제는 남습니다. 그런데 노력하지 못하는 사람들은 좋아하지도 않는 일을 열심히 하자고 마음먹는 것 자체가 매우 어렵습니다. 그래서

노력할 수 있는 일로는 생계를 유지하기 어렵다. → 좋아

하지 않는 일을 해야만 한다. → 의욕이 안 생긴다. → 점점 더 노력하지 못한다.

이와 같은 악순환을 거치게 됩니다. 노력하지 못하는 사람들에게는 직업의 선택이 자유로운 현대 사회가 오히려 더 살기 힘들지도 모르겠습니다. 직업을 자유롭게 선택할 수 있다는 것이 희망 고문이 될 수도 있습니다.

'노력해도 안 되는 아이'가 있다

어른들은 대개 아이를 노력하게 만들고자 합니다. 이런저런 방법을 고안해서 어떻게든 의욕을 불어넣으려고 고민하죠. 계속 실패하는 아이를 보면서도 "하면 되는데~"라고 생각하며 포기하지 못하는 보호자들이 많을 것입니다.

'최선을 다해 노력하고 애쓰면 반드시 할 수 있다.'

이 말 때문에 얼마나 많은 사람이 고통받았을까요? 하지만 아무리 격려한들 노력해도 안 되는 아이가 있습니다. 그런데도, 하면 되는 다른 아이들과 비교되곤 합니다. 학교에는 '성적우수상'이 있습니다. 노력한 결과 우수한 점수를 딴 아이도 있지만, 원래 지능이 높아서 별로 공부하지 않아도 시험에서 높은 점수를 딸 수 있는 아이도 있습니다. 한편으로는 아무리 노력해도 좋은 점수를 딸 수 없는 아이도 있죠.

제가 문제를 느끼는 부분은,

'시험에서 좋은 점수를 받았다. = 노력했다.'
'시험에서 나쁜 점수만 받았다. = 노력하지 않았다.'

라는 오해가 생기는 지점입니다. 아무리 노력해도 안 되는 아이는 분명 존재합니다. 그런 아이는 결과만으로 '노력하지 않는다'고 오해받습니다.

스포츠도 마찬가지

예전에 '청소년 문제에 관한 특별 위원회' 참고인 자격으로 국회에 출석한 적이 있습니다. 체벌 문제와 따돌림 문제가 의제였던 것으로 기억합니다. 제 양옆에는 전 올림픽 메달리스트들이 있었습니다. 의원과 함께 한 논의에서 우리는 스포츠 활동을 통해 아이들이 연대감, 일체감, 협력, 존경심 등 건전한 정신을 길러야 한다는 취지의 이야기를 나누었습니다.

물론 스포츠를 통해 귀중한 경험을 하고 건전한 정신을 키울 수 있습니다. 하지만 그때 제 머릿속에서는 다른 생각이 떠올랐습니다. '스포츠를 못하는 아이나 싫어하는 아이는 어떻게 할 것인가?'

이런 생각은 제 경험에서 출발합니다. 저는 스포츠를 통해 연대감, 일체감, 협력, 존경심을 경험한 적이 없으니까요. 달리기는 빨랐지만 구기 종목은 도무지 잘하지 못했습니다. 그런데도 중학생 때 단순히 형이 하고 있다는 이유만으로 농구부에 들어간 것이 불행의 시작이었습니다. 드리블도 못하고, 슛도 들어가지 않고, 거기다 '인사를 하지 않았다'라는 이유로 선배에게 기합이라는 이름의 구타를 당했습니다. 그런 일이 있고부터는 연습에 자꾸 빠지게 되었습니다. 당시 팀에는 1군부터 4군까지 있었는데 저는 항상

3군에 머물러 있었습니다.

  3군이면 연습 시합에도 나갈 수 없습니다. 중학교 3년간 공식 시합에 나간 것은 딱 한 번, 이미 질 것이 정해진 시합의 마지막 5분뿐이었습니다. 3년 동안 농구를 계속했는데 그게 전부였죠. 중학교 2학년이 끝날 무렵 그만두고 싶다고 부모님께 고민을 털어놓았습니다. 처음에는 강하게 반대하셨지만, 결국 제 마음을 이해한 부모님은 "언제든 그만두어도 좋다"고 허락하셨습니다. 그 말에 안심했는지 질질 끌다 결국 끝까지 그만두지는 못했습니다.

  중학교 3학년 때는 말만 연습이지 3군은 동급생들의 연습 시합을 바라볼 뿐이었기 때문에 경기 중 영어 단어집으로 공부하며 시험을 준비했습니다. 마지막 대회에서는 친구들의 연승을 진심으로 축하하지 못했고, 마침내 우리 팀이 져서 탈락이 결정된 순간에는 안도하기까지 했습니다. 이렇게 지나가 버린 중학교 농구부 활동은 트라우마가 된 경험일 뿐이었습니다. 지금까지도 가끔 농구부 활동을 하는 악몽을 꾸니까요.

  건전한 정신을 키우는 데 스포츠가 필수라고 생각하지는 않습니다. 저보다 운동을 더 못하는 아이, 싫어하는 아이는 더욱 힘든 경험을 하고 있을 것입니다. 스포츠를 잘하는 아이는 빛납니다. '노력하고 있는 것'처럼 보이지요. 반대로 스포츠를 잘하지 못하고 싫어하는 아이는 '노력하지 않는 것'처럼 보일 것입니다. 스포츠에서도 마찬가지입니다. 노력하지 않는 게 아니라 노력할 수 없는 사람이 있습니다.

물론 스포츠를 못하는 아이라도 스포츠를 통해 배우는 것이 있다는 의견도 있을 수 있습니다. 시합에서 계속 져도, 한 번도 시합에 나가지 못해도, 그 나름의 의미는 있을지 모릅니다. 하지만 그런 경험 속에서 의미를 발견할 수 있는 아이는 아마 소수일 것입니다. 모든 아이가 스포츠를 통해 건전한 정신을 키우길 바라는 것은 어른들의 과도한 기대가 아닐까요?

약한 인지 기능

그렇다면 노력하지 못하는 사람들은 대체로 어떤 사람일까요? 바로 꼽을 수 있는 것이 『케이크를 자르지 못하는 아이들』에서 다루었던 인지 기능이 약한 사람들입니다. 그들은

보고, 듣고, 상상하는 힘이 약하기 때문에 아무리 노력해도 입력되는 정보에 오류가 발생해서 결과가 부적절한 방향으로 흘러갑니다. 그러는 동안 아무리 노력해도 잘할 수 없어서 실패를 반복하다가, 점점 해 봤자 소용없다고 느끼며 노력할 수 없게 됩니다. 지적 장애가 있는 아이는 실패 경험을 반복하면서 성공에 대한 기대감이 낮아지고, 좀 더 잘할 수 있는 방법을 찾으려는 고민을 점점 하지 않게 된다는 다나카 미치하루(田中道治. 일본의 교육학자. 전공은 장애아심리학과 발달심리학으로 『지적 장애아의 학습을 규정하는 과제 해결 능력의 발달 精神遅滞児の学習を規定する課題解決能力の発達』 등의 저서가 있다. - 옮긴이)의 연구 등 국내외 연구 보고도 있습니다.

  인지 기능이 약하면 자신의 상태를 정확히 파악하는 데도 어려움을 겪습니다. 이에 대해서도 『케이크를 자르지 못하는 아이들』 중 '부적절한 자기 평가' 항목에서 소개했는데, 부족한 점을 고치고 싶다는 마음이 생기려면 자신의 지금 모습을 알고 있어야 합니다. 자기의 문제나 과제를 깨닫고 '좀 더 나은 내가 되고 싶다'라는 마음을 가질 때 변화를 위한 동기가 생겨납니다. 하지만 인지 능력이 약해서 자신의 부족한 면을 깨닫지 못하면 자신을 바꾸겠다는 마음도 생기지 않습니다.

예측력 부족

꾸준히 노력하기 위해서는 '원하는 상태에 이르려면 이런 과정을 거쳐야 하니까 그렇게 될 때까지 힘내서 계속하자'라는 예측이 가능해야 합니다. 이런 예측력은 '탐색의 깊이'라고도 불리는데, 몇 단계 앞까지 생각할 수 있는가와 관계됩니다.

하지만 인지 능력이 약한 사람은 앞날을 잘 상상하지 못합니다. 고작해야 '이것을 하면 이렇게 된다' 정도의 한두 단계 앞만 예측할 수 있죠. 심리학자 허먼 스피츠(Herman H. Spitz)의 연구에 따르면 지적 장애가 있는 아동의 경우 탐색의 깊이가 한 단계에 그친다고 합니다.

예를 들어 한자를 외우는 숙제가 있다고 합시다. 예측력이란 다음과 같은 것입니다.

한자를 외운다 → 칭찬받는다(1단계) → 의욕이 생긴다(2

단계) → 시험을 잘 본다(3단계) → 좋은 학교에 진학할 수 있다(4단계) → 좋은 직업을 구할 수 있다(5단계)

이 정도로 예측할 수 있다면 지금 한자를 외워야 하는 필요성을 깊이 이해하므로 열심히 한자를 외우자는 의욕으로 연결됩니다. 아직 어린이라면 이러한 장기적 예측은 어려울 것입니다. '명문 중학교나 고등학교에 갈 수 있다'라는 4단계까지는 예측할 수 있고, 그러고 싶다는 마음이 생기면 노력하는 것도 가능할 것입니다.

하지만 지적 장애 등으로 인지 기능이 약하면 1단계 '칭찬받는다'까지만 예측할 수 있습니다.

한자를 외운다 → 칭찬받는다(1단계)

이렇게 되면 노력해서 한자를 외우기 위한 동기는 칭찬이 됩니다. 칭찬받지 못하면 동기가 생기지 않아 힘을 내지 못합니다.

한자를 외운다 → 칭찬받지 못한다(1단계) → 끝(한자를 외

우지 않는다)

실제로는 이렇게 단순하지 않겠지만 그래도 비슷하다고 할 수 있습니다. 노력하기 위한 동기 부여에는 어느 정도의 예측력이 필요합니다. 인지 능력이 약하면 이러한 예측력도 약해져서 노력할 수 없습니다. 어른이 될수록 칭찬받을 기회는 점점 더 줄어들고, 좌절 경험도 쌓이기 때문에 점점 더 노력할 수 없게 됩니다. 어떻게 되고 싶다는 목표를 세울 수 없으니까 노력할 수 없고, 힘낼 수도 없습니다.

범죄와의 관련성

약한 예측력은 범죄와도 관련이 있습니다. 예를 들어 돈이 없는데, 갑자기 필요해졌다고 가정해 봅시다. 그때 눈앞에 거금을 든 사람이 나타났습니다. 그 돈을 빼앗으면 어떻게 될까요? 일시적으로는 큰돈이 손에 들어올지도 모릅니다. 하지만 그다음에 경찰에게 체포될 수도 있습니다. 이렇게 예측할 수 있다면 돈을 억지로 빼앗는 일은 주저할지도 모릅니다. 이 경우 2단계 이후를 생각할 수 있다면 범행으로 이어지지 않습니다.

돈이 필요하다 → 눈앞의 사람에게서 빼앗는다(1단계) → 경찰에 체포될지도 모른다(2단계) → 다른 방법을 생각하자. 누군가에게 빌릴까?(3단계)

하지만 1단계 이후를 예측할 수 없다면 억지로 돈을 빼앗는, 강도라는 범죄로 이어질 수 있습니다. 그 결과 아무 탈이 없었다면 재범으로 이어질 수 있고, 반대로 미수에 그치거니 체포될 수도 있을 것입니다.

돈이 필요하다 → 눈앞의 사람에게서 빼앗는다(1단계) → 아무 문제 없었다/문제가 발생했다

각종 사건에서 범죄자가 한 치 앞을 내다보지 못하는 것처럼 보일 때가 많습니다. 그들 중 상당수는 앞날을 예측하는 힘이 부족한 것으로 보입니다.

현실적인 목표를 세우기 어렵다

예측하는 힘은 목표를 세울 때 필요합니다.

여름방학이 끝나면 시험이 있으니까 50등 안에 들도록 공부 계획을 세우자, 가을에 중요한 대회가 있는데 우승을 목표로 연습 일정을 짜자, 갖고 싶은 것을 사기 위해 연말까지 10만 엔을 모으자. 이런 것들은 구체적인 실천 방안을 갖춘 탄탄한 목표입니다. 물론 예측력이 약해도 목표를 세우는 것 자체는 가능합니다.

예전에 소년원에 입소한 10대 소년들에게 "5년 후 어떻게 되어 있을까?"라고 질문하곤 했습니다. '열심히 일해서 결혼하고 행복한 가정을 꾸린다'라는 답이 가장 많았는데, 그들 중에는 성범죄로 소년원에 들어온 경우도 적지 않았습니다. 그들의 행적으로 볼 때 이런 예측은 현재 상태와 너무 거리가 먼 것 같다는 느낌을 받곤 했습니다.

뜻밖에도 '데뷔해서 가수가 되어 있다'라고 대답한 소년들도 있었습니다. 연예인이 되려면 가창력과 외모, 끼가 중요한데 그런 자질이 눈에 띄지 않아 상대의 자존심이 상하지 않게 주의하며 "가수는 원한다고 누구나 되기는 어려운 직업이잖아"라고 말하면 그들은 "늘 가수가 되고 싶었어요"라고 진지하게 대답했습니다. 장래를 예측하는 힘이 약하고, 자기 자신을 있는 그대로 보는 힘이 약하다는 것을 실감할 때가 많았습니다.

본인에게 맞는 현실적인 목표라면 노력해서 실현할 수 있습니다. 목표한 바를 이루고 나면 자신감이 생기고 다음 목표를 향해 노력하는 힘으로 이어집니다. 하지만 현실과 동떨어진 목표는 노력해도 실현하기 어렵습니다. 비현실적인 목표를 추구하다가 좌절을 반복하게 되면 자신감을 잃고 더 이상 노력할 수 없게 됩니다. 인생의 목표를 정하고 노력하기 위해서는 예측력이라는 인지 능력이 필요합니다.

매슬로의 욕구 5단계설

1장 첫머리에서도 언급했는데, 사람은 대개 기본적인 욕구가 충족될 때 더 높은 차원의 욕구에 도전할 마음이 생겨납니다. 노력해서 뭔가를 이루고 싶다는 욕구는 자아실현 욕구라고 할 수 있습니다. 심리학자 에이브러햄 매슬로가 제창한 욕구 5단계설에 따르면 자아실현의 욕구는 최종 단계이며 '생리적 욕구', '안전의 욕구', '사회적 욕구', '자아 존중의 욕구'라는 네 가지 욕구의 토대 위에 있습니다. 네 가지 욕구가 충족된 후에 비로소 자아실현 욕구가 발동됩니다.

'생리적 욕구'는 인간의 가장 기본적인 욕구로 음식, 호흡, 수면 등에 대한 욕구입니다. 먹을 것이 없어 생존에 위협을 받고 있다면 노력하고 싶은 마음은 생기지 않습니다. '안전의 욕구'는 엄마가 자신을 지켜보고 있다는 것을 확인하면서 잘 모르는 주위 세계를 탐색하는 작은 아이의 모습을 상상해 보면 됩니다. 갑자기 엄마가 보이지 않으면, 아이는 불안해져서 탐색을 그만두고 엄마를 찾을 것입니다. 즉 안전이 보장되지 않고 위험에 노출되어 있어 불안한 상태라면 역시 노력하고 싶은 감정은 발생하지 않습니다. 가령 먹을 것은 해결한다 해도 살 곳이 없어서 노숙하는 불안정한 상태라면 장기적인 성과를 기대하고 노력하기는 어렵습니다.

그다음에 오는 사회적 욕구, 즉 소속과 사랑의 욕구는 어떤 집단에 소속하고 그 안에서 어떤 위치를 차지하고 싶은 마음, 그 집단의 인간관계 속에서 신뢰와 애정을 바라는 욕구입니다. 아무리 먹을 것이 있고 살 집이 있어도 애정을 느끼는 관계가 없고 소속감을 느끼는 대상이 없다면 역시 노력하고 싶다는 마음은 생기지 않습니다.

네 번째 자아 존중의 욕구, 즉 승인의 욕구는 존경받고 싶다, 인정받고 싶다는 욕구를 가리킵니다. 소속감을 느끼는 집단에서 존경이나 인정을 받지 못한다면 노력하고자 하는 마음은 좀처럼 샘솟지 않습니다.

만약 어느 아이가 양육자에게 학대 등 부적절한 양육을 받고 있다면 '생리적 욕구', '안전의 욕구', '사회적 욕구', '자아 존숭의 욕구' 중 하나 이상이 충족되지 못한 상태일 것입니다. 돌봄을 제대로 받지 못하고, 폭력을 당하고, 무시 당하고, 언어 폭력에 시달린다면 막연한 잠재력을 실현하려고 노력하는 것이 매우 어려울 수밖에 없습니다.

이런 경우를 학교에서 자주 접합니다. 학교에서 아동 심리에 대해 자문할 때, 선생님들이 "이 아이의 가정 환경이 의문입니다", "어쩌면 학대 같은 것도 걱정됩니다"라고 이야기하는 경우가 흔합니다. 한편, 선생님들은 같은 학생에 대해 "공부할 마음이 없습니다. 어떻게 해야 의욕이 생길까요?"라고 질문하기도 합니다. 이런 질문을 받으면 저는 "만약 선생님이 끼니를 거르고, 집에 불이 나서 살 곳이 없는 상황이라면 열심히 일하실 수 있을까요?"라고 여쭤봅니다. 그러면 선생님들은 아이가 공부할 의욕이 없는 것은 그와 비슷한 상태에 있기 때문임을 바로 이해하시곤 합니다.

아이가 아무 의욕이 없다는 것 자체가 학대의 신호일 수도 있습니다. 공부할 의욕이 없는 아이, 노력하지 못하는 아이가 있다면 그 배경에 혹시 학대나 양육 환경에서 풀어야 할 문제가 있는지 확인해 볼 필요가 있습니다.

나도 그들처럼 되고 싶다

노력하지 못하는 아이들은 점점 그 사실을 스스로도 깨닫기 시작합니다. 자신의 무력함을 알게 돼죠. 그럴 때 주위에서 하는 말이 있습니다.

'너무 신경 쓰지 마.'
'너도 잘하는 게 있어.'

'좀 더 자신감을 가져.'

하지만 그런 말을 들어도 못하는 것은 신경 쓰일 수밖에 없습니다. 경계선 지능으로 공부하는 것을 매우 어려워하던 한 중학생이 "어떤 사람이 되고 싶나요?"라는 질문에 이렇게 대답하더군요. 참 인상 깊었습니다.

"머리가 좋고, 남을 배려할 줄도 알아서 모두가 의지할 수 있는 사람이 되고 싶어요. 선생님은 내가 다른 아이들과 머리 수준이 다르니까 머리가 좋지 않은 학생이라고 생각해요."

경계선 지능인 중학생은 대략 초등학교 3, 4학년 정도의 정신연령이라고 추정할 수 있습니다. 아이의 말을 듣기 전에 저는 이 아이가 자신의 상황을 구체적으로 파악하지 못하고 공부를 못하는 것도 별로 신경 쓰지 않을 것으로 생각했습니다. 제 착각이 부끄러웠습니다. 이 아이는 자신도 다른 아이들처럼 공부할 수 있기를 바랐습니다.

'결코 의욕이 없는 것이 아니다.'
'알고 있지만 할 수 없다.'
'하지만 결과를 내고 싶다.'
'인정받고 싶다.'
'다른 사람의 시선이 신경 쓰인다.'
'나를 이해해 주었으면 좋겠다.'

그런 마음의 절규가 들려왔습니다.

'달라도 괜찮아' 역시 지원자가 자주 쓰는 말 중 하나인데, 당사자들의 마음속 깊은 곳에는 '다른 사람들처럼 되고 싶어'라는 마음이 있다고 생각합니다. 그들은 '시간을 들여 남들보다 느리게 터득하거나 남들처럼 하지 못하는 스스로를 조금씩 받아들이는' 과정을 거치며 자신의 본모습을 알아 갑니다.

하지만 그 과정을 고려하지 않은 응원은 도리어 그들에게 괜한 부담을 주고 의욕을 빼앗을 가능성마저 있죠. 지원자는 선의에서 그런 말을 합니다. 기운을 주고 싶고 격려하고 싶은 마음, 잘 되었으면 하는 마음이죠. 다음 장에서 지원자의 응원이 오히려 당사자의 의욕을 꺾는 사례를 소개합니다.

제4장
의욕을 꺾는 응원

의욕을 꺾는 어른

지금까지 당사자의 눈높이에서 의욕이 생기지 않는 배경을 살펴보았습니다. 그런데 의욕이 생기지 않고 노력할 수 없는 이유는 그 밖에도 있습니다. 주위 사람들의 별생각 없는 말과 행동으로 의욕이 꺾이고 사라지기도 합니다.

뭔가 열심히 해 보려 할 때 부모님이나 선생님이 무심코 던진 말 때문에 의욕을 잃은 경험이 있나요? 이제 공부하려고 하는데 부모님이 "공부해라"라고 말하면 반발심이 생기는 것처럼 별생각 없는 한마디, 권위를 과시하기 위한 말과 행동 때문에 의욕이 꺾여 본 사람도 많을 것입니다.

이번 장에서는 부모와 선생님, 주위 어른들처럼 지원해 주는 사람들이 오히려 의욕을 빼앗는 사례를 모아보았습니다. 지원자가 미리 알아둔다면 문제가 되는 말과 행동을 피할 수 있으므로 의욕을 꺾는 일도 줄어들 것입니다. 그것 역시 지원의 한 형태입니다. 즉 불필요하게 당사자의 의욕을 꺾지 않아서 결과적으로 그들을 지원하게 되는 셈입니다.

역효과를 낳는 격려

의욕을 냈으면, 노력했으면, 잘 되었으면, 하는 바람으로 격려하지만, 오히려 의욕을 꺾기도 합니다. 지원자가 자신의 지도나 지원 방법에 불안을 느끼고 있을 때 그 초조함이 역효과를 낳는 격려의 숨은 배경이 되기도 합니다.

'이 방법으로 괜찮은 걸까?'
'이대로 있다가는 실패할지도 몰라.'
'이런 말을 해 줄 사람은 나밖에 없어.'

노력하지 못하는 사람을 위해 뭐라도 하고 싶다는 마음에 괜한 말을 건네게 됩니다. 상대를 위하는 마음이 강하면 강할수록 지원자도 역효과를 낳는 격려를 반복하는 악순환에 빠지기 쉽습니다.

'공부 좀 해라'라는 말이 효과 없는 이유

한 유명 영어 강사가 아이에게 매일 "더 공부해라"라고 말하는 어머니에게 이런 질문을 던졌습니다. "만약 주변 사람들이 당신에게 매일 '살 좀 빼세요'라고 말하면 어떨 것 같습니까?" 그런 말을 계속 듣는 건 일종의 고문이 아닐까요?

사람들은 '좋은 인상을 주고 싶다', '연예인이 되고 싶다' 등의 이유로 살을 빼기로 결심합니다. 이것은 스스로 결정할 문제입니다. 과체중으로 건강이 위협받고 있지도 않은데, 다른 사람이 살을 빼라고 하는 것은 쓸데없는 간섭에 불과합니다. 공부도 마찬가지입니다. 당사자 자신은 절실하지 않은데 공부하라고 강요하는 것보다는 부모가 모범이 되거나 다른 역할 모델들을 접하게 하면서 스스로 열심히 공부하자는 마음이 들도록 자연스럽게 이끄는 편이 지름길입니다.

공부하기 전에 이것저것 잔소리하는 것도 역효과를 낳습니다. 아이가 의욕을 내서 공부하려고 할 때 부모가 "숙제는 했니? 공부 좀 해라"라고 말하면 시작도 하기 전에 찬물을 맞은 셈이 됩니다. 아이는 "그런 말 하지 않아도 내가 알아서 해"라고 반박하고 싶어집니다. 아이가 자발적으로 공부하려고 했던 마음은 무시당하고 아이가 공부하더라도 그저 부모의 지시에 따른 셈이 되어 버립니다. 이럴 때 아이는 남의 지시를 따르기 싫어 공부하려던 마음을 접고 안 하겠다고 고집을 부리기도 합니다. 공부하라는 말에 순순히 따르는 아이를 보고 부모가 '역시 내가 공부하라고 해야지, 스스로 하는 애는 아니야'라고 생각한다면, 계속 공부하라는 말을 반복하게 되고, 아이는 자발성을 잃고 수동적으로 따르며 학습 의욕이 저하될 것입니다. 공부하라는 말을 따르든 반발하든, "공부해"라는 말은 악순환을 불러올 뿐입니다.

"그런데~"

이런 표현도 의욕을 꺾기 쉽습니다.

아이가 자기 생각을 들어주길 바라며 때로는 필사적으로, 때로는 더듬더듬 이야기를 시작할 때가 있습니다. 아이를 위한 지원 방법의 하나로 '아이의 이야기를 잘 들어주기'는 교육계에서 자주 하는 말입니다.

하지만 진정한 의미로 아이의 이야기를 잘 듣는 경우는 적습니다. 지원자는 잘 듣고 있다고 생각할지 모르지만, 사실은 도중에 끼어들어서 자기 의견을 말하거나 설교하거나 혼내는 등 자기 생각을 아이에게 강요하기 쉽습니다.

소년원에서도 비슷한 일이 있었습니다. 난폭한 행동이 두드러지는 말수 적은 소년이 있었는데, 교관은 그를 어떻게 대해야 좋을지 몰라 난처해했습니다. 어느 날, 교관이 소년의 말을 들어 보려고 자리를 마련했습니다. 소년은 교관에게 평소 생각하고 있던 것과 생활하며 느낀 불만을 한 마디씩 털어놓기 시작했죠.

그동안 많은 불만이 쌓여 있었습니다. 교관은 소년이 이야기를 마칠 때까지 말없이 들었습니다. 이야기를 다 들은 후 "정말 힘들었겠구나. 네 마음은 잘 알았다"라고 대답했습니다. 소년도 그 말을 듣고 '내 말을 들어주었구나', '이해해 주었구나' 하는 마음에 안도한 표정이었습니다. 저도 옆에서 들으면서 '역시 베테랑 교관은 다르다, 이제 이 아이도 마음을 잡겠구나' 생각했을 때였어요. 그 교관이 이렇게 말을 이어갔습니다.

"그런데 네게도 문제가 있는 건 아닐까……."

이때만큼 강하게 '왜 그런 쓸데없는 말을~'이라고 느낀 적은 없었습니다. 교관의 설교가 이어졌고 소년의 얼굴은 눈에 띄게 굳어졌습니다. 결국 실망한 얼굴이 된 소년은 더 이상 아무 말도 하지 않았습니다. 한편, 그 교관은 자신이 지론을 펼치는 동안 가만히 듣고 있는 소년을 보고 '이제 바뀌겠지' 하고 생각하는 것 같았습니다. 그 후에 어떤 일이 일어났을지는 쉽게 상상할 수 있을 것입니다. 그 소년은 상대가 누구든 소년원 교관에게 더 이상 마음을 열지 않았습니다.

이 소년은 교관에게 조언을 듣고 싶었던 게 아니라 가슴에 쌓인 감정을 알아주길 바랐을 것입니다. 하지만 받아주기는커녕 "그런데~"라고 부정하는 말을 듣고 마음을 닫아버렸습니다. 바뀌고자 하는 소년의 의욕을 꺾어버린 순간이 아닐 수 없습니다. 이 경험을 통해 마음을 여는 단계에서는 상대의 이야기에 그 어떤 평가도 하지 말아야 한다고 생각하게 되었습니다.

소년원생 보호자들의 공통된 경험

부모가 하는 격려도 역효과를 낳을 때가 많습니다.

   소년원에는 원생들의 보호자가 모여서 대화를 나누는 '보호자 회의'가 있습니다. 때로는 이미 소년원을 나와서 갱생한 소년의 보호자가 참석해 아이가 소년원에 입소한 보호자들과 의견을 교환하기도 합니다.

   막 입소한 소년들의 보호자들에게서 다음과 같은 비통한 이야기가 나왔습니다.

"할 수 있는 것은 뭐든 했어요. 이 이상 뭘 할 수 있을까요?"
"부모가 바뀌면 아이도 바뀐다는 말은 틀렸어요."
"이웃을 피하며 살아왔죠."
"아이와 함께 죽으면 모두 해결된다고 생각했어요."

   남들처럼 최선을 다해 키웠지만 결국 비행을 저지른 아이들. 거기서 오는 무력감과 안타까움을 공감하는 자리였습니다. 퇴소한 보호자 역시 같은 고통을 겪었으므로 그들을 비난하거나 설교하지 않았습니다. 서로 자신의 경험을 이야기할 뿐이었죠.

그런데 보호자들의 이야기를 잘 들어 보니 공통되는 부분이 있었습니다. "'엄마는 늘 내 이야기를 듣지 않아. 친구들은 들어주는데.' 이런 말을 자주 했어요"라고 여러 보호자가 이야기했던 것입니다. 그 말을 듣고 다른 보호자들도 "우리 아이도 그렇게 말했어요"라고 털어놓았습니다. 보호자들에게 다양한 사정이 있었겠지만, 아이들에게는 부모님이 자신의 이야기를 들어주지 않았다는 기억만 남았습니다.

따돌림을 당했을 때, 힘든 일이 있었을 때 얘기해도 부모님은 여러 이유로 흘려들었거나 이야기를 듣고 난 후 "그런데 그건~" 하고 반박하며 도리어 설교를 했을지도 모릅니다. 그런 일이 반복되면 점점 집에서 자기 자리를 찾기 어려워지고 결국은 부모에게 마음을 닫게 됩니다. 부정하지 않고 이야기를 들어줄 친구를 찾기 위해 밤거리로 나가기도 합니다. 소년원생 보호자들의 이야기에서도 '그저 조용히 들어주기만 하는 것'이 얼마나 어렵고 얼마나 중요한지 알 수 있었습니다.

"좀 더 잘할 수 있어"

아이가 조금 노력하는 모습을 본 어른이 '하면 되는 애야. 좀 더 자극을 주자'는 기대감에 "좀 더 잘할 수 있어. 좀 더 노력하자"라고 아이를 격려할 때가 있습니다. 아이는 이미 한계까지 노력했을지도 모르는데 거기서 "더 잘할 수 있어"라는 말을 들으면 얼마나 노력해야 인정받는 건지 결승점이 보이지 않아서 불안해지고 끝내 의욕을 잃기도 합니다.

무슨 일이든 별 어려움 없이 해치우고도 여전히 여유가 있어 보이는 아이도 있습니다. 그래서 어른은 할 마음만 있다면 얼마든지 지원하겠다는 마음을 품게 되는데, 그것은 일방적인 착각일 수도 있습니다. 아이로서는 자신의 속도를 이해해 주기를, 무엇을 원하는지 알아주기를, 자신을 좀 더 있는 그대로 봐 주기를 바라는 마음으로 가득할 수 있습니다. 하지만 어른이 보기에는 이제까지 뭐든 잘해 왔으니까 좀 더 할 수 있을 거라고 착각하는 것입니다.

어느 교수님에게서 이런 얘기를 들은 적이 있습니다. 그 교수님은 어린 시절부터 우수한 아이여서 뭐든 잘했는데 부모님이나 선생님으로부터 늘 "좀 더 잘할 수 있어"라는 말을 들었습니다. 하고 또 해도 해야 할 과제가 더 많이 생겨나곤 했습니다. 그런 경험을 거친 후 그 교수님이 가장 싫어하는 것은 '남에게 기대받는 것'이라고 합니다. 기대받으면 도망가고 싶어진다고 합니다.

잘하는 사람은 어쩔 수 없이 주변의 기대를 받게 됩니다. 그러나 과도한 기대는 주위 사람들의 이기심일 수도 있고 당사자의 의욕을 꺾는 부담이 되기도 합니다.

"그러니까 내 말을 들었어야지"

실패한 다음에 곧바로 잘못을 지적하는 것도 좋지 않습니다. 부모나 어른이 하는 말을 듣지 않고 아이가 뭔가에 도전하고 실패했을 때, 주위의 어른이 "그러니까 내 말을 들었어야지"라고 말하는 경우가 있습니다. 아이에게 '하면 된다'는 성공 경험을 만들어 주고 싶은 마음이 있는데, 그 마음이 너무 강하면 실패했다간 큰일이라는 생각에 빠져서 무모한 행동을 하지 못하게 막아 버립니다.

부모라면, 지도할 책임이 있는 지원자라면 조마조마하고 불안하고 초조할 것입니다. 아이의 도전에 한두 마디 얹고 싶어지는 것도 무리는 아니죠. 특히 좀 위험한 일이라면 더욱 그렇습니다. 하지만 어른의 뜻에 반해 아이가 뭔가에 도전했다가 실패했다고 "그러니까 내 말을 들었어야지"라며 잘못을 지적하면 오히려 역효과를 부릅니다.

도전하고 실패했을 때 가장 힘든 것은 당연히 아이 자신입니다. 아이로서는 실패한 자신을 위로해 줄 사람이 절실할 것입니다. 그런데 실제로는 위로받기는커녕 지적만 당합니다. 최후의 일격에 상처 입고 "이럴 거면 앞으로 하지 말자"라는 의욕을 잃는 결과로 이어지기 쉽습니다.

"너는 왜 맨날~"

아이가 약속을 지키지 못하면 "너는 왜 맨날 그 모양이니?" 하고 타박하기도 합니다.

하지만 아이는 일부러 약속을 어긴 게 아니라 머릿속으로는 안 된다고 알고 있어도 실행하지 못하는 경우가 많습니다. 지킬 수 없는 약속도 곧잘 하죠. 사람을 때리고, 거짓말을 하고, 약속을 어기는 것을 스스로 억제하지 못할 때도 있습니다.

어른들은 아이의 행동을 고치려는 선한 의도에서 그런 말을 할 것입니다. 하지만 약속을 지키지 못해 죄책감을 느끼면서도 좀처럼 행동을 바꿀 수 없는 아이는 행동이 아니라 자기 자신이 부정당한다고 받아들일 수 있습니다.

다음부터는 꼭 약속을 지켜야겠다고 생각하고 있던 아이도 "너는 왜 맨날~"이라며 이제 돌이킬 수 없는 과거의 잘못으로 혼나면 입을 다물고 있을 수밖에 없습니다. 변명은 상대를 더욱 화나게 할 테니까요. 이런 일이 반복되면 아이를 궁지로 몰아서 자신감을 잃게 합니다. 자신에 대한 믿음을 상실한 아이가 행동을 바꾸기는 더 어려워지겠죠.

공부를 좋아하면 공부를 잘할 거라는 착각

겉으로 드러나는 말이 아니더라도 어른들의 잘못된 확신이나 기대가 아이의 의욕을 꺾기도 합니다. 대표적인 예로 공부를 못하는 아이가 공부를 좋아하게 되면 잘할 거라는 믿음을 들 수 있습니다.

그런 착각이 있으면 공부의 즐거움을 자꾸 알려주려고 하며 아이에게 괜한 부담을 줍니다. 혹시 이렇게 생각하고 있지는 않습니까?

공부를 잘한다 = 공부를 좋아한다
공부를 못한다 = 공부를 싫어한다

얼핏 맞는 말처럼 보이지만, 들어맞지 않는 경우도 얼마든지 있습니다. 공부를 잘해도 사실은 공부가 싫었다는 아이도 있고, 공부를 못해도 공부하는 것 자체는 즐겁다고 생각하는 아이도 있죠. 특히 후자는 편한 사람이 옆에서 공부를 도와준다면 비록 시험 점수는 좋지 않아도 공부 자체는 좋아하기도 합니다. 특별지원학급(초중학교에 설치된 특수교육 학급으로 우리나라의 도움반에 해당 - 옮긴이) 아이들은 공부를 잘한다고는 할 수 없지만 그렇다고 다들 괴롭고 힘들다는 얼굴을 하고 있지도 않습니다. 영재반의 우수한 아이들 역시 모두 즐거운 표정은 아닌 것과 마찬가지입니다.

이와 비슷한 예는 얼마든지 있습니다.

대인관계가 원만한 사람 = 사람을 좋아한다?
대인관계가 서툰 사람 = 사람을 싫어한다?
스포츠를 잘하는 사람 = 스포츠를 좋아한다?
스포츠를 못하는 사람 = 스포츠를 싫어한다?

그렇지 않은 경우가 쉽게 머릿속에 떠오를 것입니다.

한편, 공부가 싫은 이유는 무엇일까요? 앞서 말했듯 학문의 즐거움을 아는 아이는 극소수일 것입니다. 그보다는 친구들도 다 함께 공부하니까, 부모님이 옆에서 도와주시니까, 열심히 하면 칭찬받으니까 같은 주변 상황에 더 큰 영향을 받지 않을까요? 그런 동기 부여 없이 혼자서 공부해야 하고 열심히 해도 칭찬하는 사람이 없다면 점점 공부에서 멀어지지 않을까요?

특히 사춘기 무렵은 누구나 정서적으로 불안정합니다. 친구 집에는 늘 부모님이 함께 계시는데 자기만 언제나 외톨이라고 느낀다면 함께 놀아 줄 친구를 찾아 밤거리로 나갈지도 모릅니다.

공부는 아이에게 귀중한 경험입니다. 누가 함께 해 주느냐가 중요하죠. 6장에서 함께 뛰어주는 사람, '페이스메이커(pacemaker, 伴走者)'에 대해 자세히 다룹니다.

보호자가 선생님 험담을 하면

보호자가 아이 앞에서 자기도 모르게 선생님에 대한 불만을 드러내는 경우가 종종 있습니다. 아이가 조금이라도 더 좋은 교육을 받았으면 좋겠다고 생각한 나머지 선생님의 방식을 불신합니다. 그것 자체는 어쩔 수 없는 일이지만, 아이 앞에서 그런 불만을 표시하면 또 다른 문제가 발생합니다.

예를 들어 부모가 아이 앞에서 "그 선생님은 어쩐지 믿음이 안 가"라고 말한다면 어떻게 될까요?

아이들은 겉으로 드러내지는 않더라도 대개 부모의 말에 큰 영향을 받습니다. 선생님을 믿을 수 없다는 말을 들으면 아이는 선생님을 의심하기 시작합니다. 선생님의 지도 방식, 방침 하나하나에 의문을 제기하면 아이들을 지도하기 어렵습니다. 학교의 관행이나 선생님의 오랜 경험에서 나온 지도 방식, 방침이 왜 필요한지 매번 일일이 다 설명할 수는 없기 때문입니다. 뚜렷한 이유나 대안 없이 기존의 질서를 부정하면 훈육은 점점 더 어려워집니다.

사후 지원이 없는 가짜 지도

학교뿐 아니라 직장에서도 노력하지 못하는 사람들을 도울 의도로 다양한 지도와 지원제도를 시행하고 있습니다. 하지만 이런 지도가 형식만 남아서 그저 지도자의 권위를 과시하는 데 쓰이기도 합니다. 그렇게 되면 지도나 지원이 아니라 단순히 위압과 괴롭힘일 뿐입니다. 의욕을 빼앗는 것으로 끝나지 않을 수도 있지요.

대표적인 것이 '사후 지원이 없는 가짜 지도'입니다. 의사의 세계에서도 자주 일어나는 일입니다. 저 역시 의사가 되고 얼마 지나지 않았을 무렵 몇 번인가 이 '사후 지원이 없는 가짜 지도'를 맞닥뜨렸습니다. 레지던트일 때는 능숙하지 않은 것이 당연하며, 그때부터 선배 의사의 지도를 받으며 조금씩 지식과 기법, 기술을 몸에 익혀 갑니다. 상황에 따라서는 꽤 엄격한 지도를 받기도 하는데, '어엿한 한 사람의 의사로 만들 목적'에서입니다.

제가 경험한 선배 의사들의 지도는 많은 경우 그런 따뜻함이 느껴지는 것이었습니다. 하지만 단순히 자신이 선배임을 과시하기 위한 가짜 지도도 있었죠. "이런 식으로 치료하는 의사는 쓸모없어. 더 이상 환자를 보지 마"라는 신랄한 비판을 받은 적이 있었고, 실제로 환자 진찰을 금지당한 적도 있습니다. 그것만으로는 별문제 아닐 수도 있습니다. 문제는 그렇게 질책한 다음 아무런 도움을 주지 않는 경우입니다. 선배 의사가 여러 의사들 앞에서 후배 의사를 질책하고 병원 직원들이 그 광경을 당연하다는 듯 차가운 눈으로 지켜보는, 신입 의사를 잘 양성하고자 하는 배려가 전혀 느껴지지 않는 병원도 있습니다. 지도는 자신들의 위엄을 과시하는 목적일 뿐, '우리 지시에 따르지 않는 의사는 필요 없다'라는 분위기를 풍기는 병원도 있었습니다.

엄격한 지도가 불필요하다는 것은 아닙니다. 지도를 받고, 때로는 질책도 받으면서 어떻게 해야 좋을지 배울 수도 있습니다. 의논할 의사들이 있고, 일관된 기준을 적용하는 등 신입 의사를 받아들일 준비가 확실히 되어 있다면 문제없습니다. 하지만 엄격한 지도와 질책 후에 후속 조치 없이 마치 그만두라는 듯 압력만 가한다면 지도라고도, 지원이라고도 할 수 없습니다. 지도하는 측의 이기주의에 불과합니다. 때에 따라서는 직장 내 괴롭힘에 해당할 수도 있습니다.

이러한 가짜 지도는 학교 현장에서도 찾아볼 수 있습니다. 그저 교사의 권위를 보이기 위해 엄격하게 지도하고, 그 후 아무런 조치도 취하지 않는 것입니다. 이런 행동은 더 이상 지원이라고도 할 수 없고 그저 아이에게서 의욕을 빼앗을 뿐입니다. 오히려 해롭습니다.

아이의 미래를 충분히 고려하지 않으면 엄격한 지원은 일회성으로 그치고 맙니다. 아이들은 어른들의 지도 뒤에 애정과 열의가 있는지 없는지를 민감하게 알아차립니다. 단순히 권위를 드러낼 뿐인 가짜 지도는 바로 간파하죠. 애정과 열의가 없는 엄격한 지도와 질책은 어른에 대한 신뢰감을 잃게 만듭니다. 이러한 경험은 이후에 아이가 다른 사람들과 관계를 형성할 때도 막대한 영향을 끼칩니다.

부적절한 칭찬

『케이크를 자르지 못하는 아이들』에서 '칭찬하는 교육만으로는 문제를 해결할 수 없다'는 견해를 펼쳤습니다. 예를 들어 공부를 잘 못하는 아이에게 공부 자체를 도와주지 않고 그 외 다른 것을 칭찬해도 근본적인 해결이 되지 않는다는 의미입니다.

여기서는 한 걸음 더 나아가서 칭찬이 반대로 아이의 의욕이나 보호자의 감정을 상하게 하는 예를 소개하고자 합니다. '부적절한 칭찬'이라고 할 수 있습니다.

누가, 어떤 때에 칭찬해 주어야 기쁜지 한번 상상해 보면 이해하기 쉬울 것입니다. 예를 들어 싫어하는 사람을 한 명 떠올려 봅시다. 그 사람에게 대수롭지 않은 일로 칭찬받았다면 어떨까요? 어쩌다가 쓰레기를 주웠는데 "정말 대단하다"라고 칭찬을 받았다면? 빈정거림으로 들릴 수도 있습니다.

그렇다면 같은 일을, 존경하는 사람이 칭찬했다면 어떻습니까? 열심히 노력해서 간신히 성취한 일이나 자원봉사로 땀 흘렸던 일에 대해 존경하는 사람이 "너 정말 대단하구나"라는 한 마디로 칭찬했다면 진심으로 가슴에 와닿을 것입니다. 칭찬하는 말이 상대의 마음에 가닿을지는 누구에게, 어떤 순간에 듣느냐에 달려 있습니다.

상대의 상황도 모른 채 칭찬하는 것은 역효과를 낼 수 있습니다. 예를 들어 보호자가 한참 고민한 끝에 학교 선생님에게 "우리 아이는 이러저러해서 큰일입니다"라고 아이에 대해 상담을 요청했을 때, "○○는 아주 괜찮은 아이입니다. 마음씨가 상냥해서 얼마 전에는~"이라고 대답하는 경우를 상상해 봅시다. 선생님의 말처럼 별문제가 아니어서 곧잘 풀릴 수도 있지만, 보호자로선 '이 선생님은 내 아이에 대해 아무것도 모르는구나' 하고 도리어 불신할 수도 있습니다.

보호자는 구체적으로 상담을 하고 싶다기보다 우선은 아이의 상태에 대해 공감을 얻고 괴로움과 어려움을 이해받고 싶다는 생각이 강했을 뿐인지도 모릅니다. 그렇다면 아이를 칭찬하는 말이 아니라 부모에게 공감하는 말이 더 마음을 울렸을 것입니다. 이런 상황에서 안이하게 아이를 칭찬하면 부모의 의욕까지 빼앗는 결과로 이어질 수도 있습니다.

한 아동상담소의 사례인데, 자녀를 학대하는 어머니에게 젊은 직원이 "어머님, 요즘 노력하고 계시네요"라고 칭찬했더니 말을 들은 어머니가 "네가 뭘 알아!" 하며 폭발했다는 것입니다.

이제껏 자신의 육아 방식을 계속 부정당했거나 보호소에서 일방적으로 아이를 데려갔던 경험이 있는 부모에게, 아동상담소 직원은 때에 따라 적이 되기도 합니다. 아이를 빼앗기지 않으려고 혹은 돌려받기 위해 어쩔 수 없이 시키는 대로 해야 할 때도 있기 때문입니다. 그런 관계에 있는 아동상담소 직원이 칭찬해 준들 어머니의 마음에 가닿기는커녕 자신을 평가한다는 생각이 들어서 분노로 이어지기도 합니다. 이런 어머니는 '이 사람의 지원 따위 받고 싶지 않다, 아무도 날 이해하지 못한다'고 느끼고, 힘을 낼 수 있게 도와줄 지원자를 스스로 멀리하게 됩니다.

이 사례는 노력하길 바라는 상대에게 '칭찬만' 해서는 씁쓸한 결과가 나올 수 있음을 가르쳐 줍니다. 상대가 어떤 상태인지, 지원자에게 어떤 마음을 품고 있는지 따지지 않고 일방적으로 '칭찬'하면 오히려 상대에게 깊은 상처를 줄 수도 있습니다.

흉기가 되는 말
"부모의 사랑이 부족한 것 아닌가?"

사실 지원자도 자신의 지도나 교육법이 이대로 좋은지 불안할 때가 있습니다. 정말로 옳은가, 이대로 아무 말도 하지 않아도 괜찮은 건가. 이러한 불안과 다른 지원자(예를 들어 교사라면 보호자, 보호자라면 교사)에 대한 과도한 기대와 불신 때문에 아이뿐 아니라 다른 지원자를 향해 하지 않아도 좋을 한마디를 해 버리는 경우가 있습니다. 하지 않아도 될 말을 던지면서 서로의 의욕을 빼앗기도 합니다. 아이에게 어떤 문제가 생겼을 때 아직도 지원자들 사이에서 나오는 '부모의 사랑이 부족한 것 아닌가?'라는 말이 바로 그런 예입니다.

지금까지 아이들을 위한 다양한 케이스 콘퍼런스나 연수회에 출석했는데, 아이에게 어떤 문제 행동이 있을 때, 대개 '부모의 애정이 부족한 것 아닌가?'라는 의견이 나옵니다. 슬프게도 그 말을 들으면 대개 "그런가" 하며 원인을 파악했다고 오히려 안심합니다.

지원자는 외로움 때문에 부적응 문제를 일으키는 아이를

보면 부모에게 '아이에게 더 애정을 쏟아야 하지 않을까?', '애정이 부족한 것 아닌가?'라는 감정을 품게 됩니다. '부모가 일만 해서 아이가 늘 혼자 있다', '아이에게 신경 쓰지 않는다' 같은 억측을 하기도 합니다. 하지만 정도의 차이는 있을지언정 노력하려는 생각이 전혀 없는 부모는 거의 없습니다. 그럼에도 어찌할 수 없는 상황에 내몰려 있기도 하죠.

부모 역시 육아에 불안함을 느낍니다. 일이 바빠도 아이가 외로움을 느끼지 않도록 나름대로 노력하기도 합니다. 그런 상황 속에서 '애정이 부족한 것 아닌가?'라는 말을 교사나 사회복지사 같은 지원자가 내뱉으면 아무런 도움이 되지 않습니다. 무의미하게 부모를 궁지로 내모는 흉기가 될 뿐입니다.

보호자에게 그런 말을 직접 하지 않아도 다음처럼 말할 수 있습니다.

"아이는 분명 외로울 거예요."
"아이와 대화하는 시간을 마련하고 있습니까?"

직접적으로 말하진 않아도 마음속으로는 '애정 부족 아닌가?'라고 여기고 있다면 그 마음은 반드시 보호자에게 전해지게 마련입니다. 이에 보호자는 의욕을 더욱더 잃을지도 모릅니다.

애정 없는 격려

누군가에게 조언을 받는다 해도 애정이 느껴지지 않는다면 노력하겠다는 마음이 생기기는 어려울 것입니다. 머리로는 알고 있어도 마음이 도저히 따라가지 않는 것입니다. 이것도 지원자가 종종 간과하는 중요한 사항입니다.

소년원에서 근무하던 시절, 소년들을 잘 지도해서 인기가 많았던 한 법무교관은 이렇게 말했습니다.

"우선은 아이들에게 사랑받아야 합니다. 저도 학교 다닐 때 그랬지만, 싫어하는 선생님이 아무리 옳은 말을 해 봤자 듣기 싫잖아요."

그는 이렇게 말을 이었습니다.

"사랑을 받으라는 건 뭘 해도 봐주라거나 일방적으로 맞춰

주라는 게 절대 아닙니다. 아이에게 웃는 얼굴로 인사하고, 이름을 기억하고, 이야기를 끝까지 들어주기. 아이가 한 일을 제대로 기억하기. 사람과 사람 사이의 기본적인 관계를 잘하라는 것입니다."

이 이야기는 아이에게만 한정된 게 아니라 대인관계의 기본이라고 생각했습니다. 사실 그 법무교관은 소년들뿐 아니라 동료들에게도 인기가 많았습니다. 아이를 지도하기에 앞서 우선 '동료나 가까운 가족 사이에서 제대로 대인관계의 기본을 지키는 것'이 가장 중요함을 깨닫게 해준 사람이었습니다. 실행하려면 상당히 어렵겠지만 크게 참고가 되었습니다.

이 법무교관은 소년들을 소중하게 여기는 마음이 가득했습니다. 역시 아이들은 애정이 있는 사람을 제대로 알아본 것이었습니다.

자존감은 시들지 않는다

스스로를 소중하게 여기며 존중하는 감정인 자존감은 아무리 시간이 흘러도 시들지 않는 감정입니다. 인간인 이상 누구나 자존감이 있습니다. 자존감은 모든 사람이 평등하게 마지막 순간, 죽는 순간까지 간직한다고 생각합니다.

그런데 우리는 몇 번씩 말해도 상대에게 전해지지 않을 때 그만 강한 말투로 상대를 탓하고 마는 일이 종종 있습니다. 부드럽게 말할 때 알아듣지 못하면 날카롭고 직설적인 말로 신랄하게 몰아붙이기도 합니다. 게다가 애정과는 거리가 먼, 동물적인 분노의 감정이 따를 때도 있습니다. 상대를 얕잡아 보는 태도, 거친 분위기, 애정 없는 대응은 누구나 바로 알아차립니다.

상대가 이해력이 낮으니까 잘 모르겠지 싶어 배려 없이 대하면 상처를 줄 뿐입니다.

의욕을 냈으면 하는 바람으로 지도해도 딱히 성과가 느껴지지 않을 때, 정말로 상대를 소중하게 생각하며 대하고 있는지, 혹시 상대에게 미움받을 행동을 하고 있지는 않은지 확인해 보는 것이 중요합니다.

의욕 스위치는 안에만 있습니다.
지원자가 바깥에서 손을 뻗쳐 스위치를 누르려고 하면
문이 닫혀 버릴 수도 있습니다.
더 나쁜 것은 이 아이에게는 의욕 스위치가 없을 거라고
처음부터 단정 짓는 것입니다.

제5장

그래도 인정받고 싶다

'실패할 거예요, 앞으로도.'

지금까지 노력하지 못하는 당사자의 상황과 의욕을 빼앗는 주위의 말, 행동에 관해 이야기했습니다. 이들을 둘러싼 상황은 냉혹합니다. 그런데 노력하지 못하는 사람 스스로는 어떻게 느끼고 있을까요? 주위에서 "못해도 신경 쓰지 마"라고 말하면 신경이 안 쓰일까요? 아무렇지 않게 지낼 수 있을까요? "좀 자신감을 가져"라는 말을 들으면 자신감이 생길까요?

뭐가 되었든 못하는 것보다 잘하는 것이 당연히 좋습니다. 인정받고 싶고, 성과를 내고 싶은 마음은 누구에게나 공통된 감정일 것입니다.

다음은 2016년 5월 니혼테레비에서 방영된 NNN 다큐멘터리 〈장애 플러스α: 자폐 스펙트럼과 소년 사건의 사이에서 障害プラスα~自閉症スペクトラムと少年事件の間に~〉라는 프로그램에서 한 초등학생이 대답한 내용입니다. 장애가 있는 아이에게 일상에서 느끼는 고민을 물어보았습니다. 저도 방송에 참여했었는데, 이 다큐멘터리는 나중에 『발달장애와 소년 범죄 発達障害と少年犯罪』라는 책으로 출판되었습니다.

아이 (친구는) 나랑 어딘가 다르다고 생각해요. (나는) 가져와야 하는 걸 금방 까먹어요.

질문 스스로도 알면서 안 까먹을 수는 없어?

아이 네. 까먹게 돼요.

질문 앞으로 어떤 일을 하고 싶어?

아이 실패할 거예요. 앞으로도.

질문 왜?

아이 실패만 하니까.

질문 지금 실패만 하니까 앞으로도 실패할 거라고 생각하는 거야?

아이 네. 잘 못해요. 머리 쓰는 거.

아이는 친구와 비교하면서 자기가 못한다는 것을 알고 있었습니다. 그리고 "잘 못하는 나는 앞으로도 실패할 것이다"라고 예상했습니다. 이런 아이에게 "못해도 괜찮아"라고 말하면 위로가 될까요? 위로는커녕 비참함만 느끼게 하는 것은 아닐까요?

'친구처럼 할 수 있으면 좋을 텐데.'

이것이 아이의 마음입니다.

이런 나도 이해해 주었으면

앞 장에서 말했듯 노력하지 못하는 사람도 노력해야 한다는 것을 알고 있습니다. 하지만 그럴 수 없다, 노력할 수 없다, 이런 나를 이해해 주길 바란다, 이런 갈등을 안고 있습니다. 그리고 오랜 시간에 걸쳐 그런 자신을 받아들입니다.

하지만 정말로 그것 말고는 방법이 없을까요? 계속 잘하지 못하고 노력하지 못하는 채로 견딜 수밖에 없는 걸까요?

누구나 반드시 강점이 있습니다. 다만 개인차가 있고, 환경이나 주위 사람들의 영향을 크게 받습니다. 또한 노력하지 못하는 줄 알았던 사람이라고 모든 일에 노력하지 못하는 것은 아닙니다. 누구나 어떤 장소나 상황에서는 놀라운 열정을 보이며 노력할 수 있습니다. 개인의 특성에 맞춰 지원을 계속하면 그 강점을 충분히 끌어낼 수 있습니다.

그러면 강점이 나타나는 계기는 무엇일까요? 그들의 강

점은 무엇일까요? 여기서는 노력하지 못하는 사람들의 눈높이에서 그들의 강점을 끌어낼 계기를 찾아보고자 합니다.

방구석 외톨이여도 콘서트는 갈 수 있다

병원에서 근무하고 있던 시절 저는 사춘기 아이들의 외래도 담당했습니다. 환자는 거의 10대 후반 여성 청소년들이었습니다. 학교에 잘 적응하지 못하고 등교 거부를 하거나 방에서 나오지 않는, 우울증을 앓는 아이들이었죠. 그들은 공부도 하지 않고 운동도 하지 않습니다. 외출도 하지 않고 오로지 SNS로만 타인과 연결된 아이들이 대다수였습니다.

　손목을 칼로 벤 자해 흔적이 있는 아이나 처방받은 약을 대량으로 먹어 응급실에 실려 온 아이도 있었습니다. 사람이 무서워서 혼자 전철을 타는 것조차 엄두를 내지 못하는 아이도 여럿이었습니다. 좀처럼 출구를 찾지 못한 채 스무 살을 넘기고 성인 외래 환자가 되는 사례가 많았습니다. 그런데 그런 아이 중에도 좋아하는 아티스트의 콘서트라면 아무리 멀어도 갈 수 있는 아이가 있었습니다.

　사람이 무서워서 늘 집에 틀어박혀 있던 아이가 있었는데, 한 번은 좋아하는 아티스트의 콘서트에 가기 위해 혼자 오사카에서 도쿄까지 신칸센을 타고 갔습니다. 그 아이는 SNS에서 알게 되었을 뿐 단 한 번도 만난 적 없는 친구 집에서 묵었습니다. 다음 날 아침 일찍 도쿄에서 출발해 진찰 예약 시간에 아슬아슬하게 맞춰 돌아왔다고 했습니다. 한없이 무기력했던 아이였는데 그 정도의 에너지와 의욕은 대체 어디에서 나오는 것인지 신기했습니다.

　'이것을 위해서라면 노력할 수 있어', '이게 있으니까 할 수 있어'라는 것이 누구나 있겠죠. 그 스위치가 눌리면 때로는 믿을 수 없을 정도로 힘이 솟는 사람들이 있습니다. 지원자의 역할은 그 스위치를 발견하고 누르는 데 있습니다. 이것이야말로 잃어버린 의욕을 부활시키는 열쇠입니다.

　'평소에는 아무것도 안 하면서 값비싼 콘서트는 가다니……'라는 비난이 따르기도 합니다. 자기가 좋아하는 일만 하는 이기적인 사람, 자기 멋대로 구는 사람이라는 딱지가 붙을 수도 있죠. 하지만 그렇더라도 노력하지 못하는 사람을 움직이는 좋은 방법이 될 수 있다는 관점의 전환이 필요합니다.

소년원생들의 세 가지 소원

사람들은 각자의 욕망을 충족하려고 노력을 기울입니다. 부자가 되고 싶다, 출세하고 싶다, 좋은 학교에 합격하고 싶다, 좋은 회사에 들어가고 싶다, 좋아하는 일을 하고 싶다, 중요한 역할을 맡고 싶다, 애인이 있었으면 좋겠다, 이성에게 인기가 많았으면 좋겠다, 결혼하고 싶다, 아이를 키우고 싶다, 좋은 차를 타고 싶다, 날씬해지고 싶다, 키가 컸으면 좋겠다, 세계 여행을 하고 싶다, 맛있는 것을 먹고 싶다, 사람들에게 인정받고 싶다, 부모님이 자랑할 수 있는 자식이 되고 싶다, 남에게 도움을 주고 싶다, 좋은 사람이 되고 싶다…….

이런 동기가 우리를 노력과 인내로 이끕니다. 하고 싶지 않은 일을 열심히 하기는 어렵습니다. 노력하지 못하는 사람들에게서 의욕을 끌어내려면 기본으로 돌아가 그들은 어떤 동기로 움직이는가에 주목해야 하지 않을까요?

노력하기 위한 동기는 다양합니다. 저는 소년원생들에게 대체 어떤 욕망이 있을지 매우 궁금했습니다. 소년원에 들어왔을 당시에는 의기소침해서 아무 의욕도 없던 그들도 밖으로 나갈 날이 가까워지면 사회에서 한 번 더 노력해 보고 싶고 다양한 일에 도전하고 싶다는 마음이 생깁니다. 왜 그런 변화가 생길까요? 그것을 알 수 있다면 그들의 동기를 알아내어 북돋울 수 있는 실마리를 찾아낼지도 모릅니다.

여기서 소년원에 근무하는 동안 몇 년에 걸쳐 소년들에게서 들은 '세 가지 소원'을 소개하고자 합니다. "만약 무엇이든 세 가지 소원을 이룰 수 있다면 어떤 것을 빌고 싶은가요?"라는 질문에 소년들이 내놓은 대답입니다.

다음은 6년 동안 소년원생 약 380명에게서 들은 세 가지 소원 상위 10위까지입니다. 앞부분은 소년원에 들어왔을 때, 뒷부분은 소년원에서 나가기 직전에 들은 것입니다(중복 대답 있음).

소년원 입소 직후

1위 부자가 되고 싶다 (85명)

2위 과거로 돌아가고 싶다 (59명)

3위 집에 가고 싶다(소년원을 나가고 싶다) (49명)

4위 가족이 행복해졌으면 좋겠다 (34명)

5위 일을 하고 싶다 (28명)

6위 나쁜 짓을 하지 않는다 (25명)

7위 다시 태어나고 싶다 (20명)

8위 똑똑해지고 싶다 (19명)

9위 스스로를 바꾸고 싶다 (17명)

10위 죽지 않는다 (15명)

소년원 퇴소 직전

1위 부자가 되고 싶다 (94명)

2위 가족이 행복해졌으면 좋겠다 (90명)

3위 과거로 돌아가고 싶다 (66명)

4위 하고 싶은 직업을 갖는다 (26명)

5위 죽지 않는다 (24명)

5위 나쁜 짓을 하지 않는다 (24명)

7위 결혼해서 아이를 얻고 싶다 (21명)

8위 행복해지고 싶다 (16명)

8위 미남, 근육질, 큰 키가 되고 싶다 (16명)

10위 일을 하고 싶다 (14명)

소년원 입소 직후와 퇴소 직전 모두 소원 1위는 '부자가 되고 싶다'인데, 일반인들도 이렇게 답하므로 특이하지는 않습니다. 소년원에 들어올 때와 나갈 때의 차이점을 살펴보면, 다음과 같은 점들이 눈에 띕니다.

- 소년원에 들어올 때의 소원 2, 3위는 '과거로 돌아가고 싶다', '집에 가고 싶다'인데, 나갈 때는 '가족의 행복'이 2위로 올라왔다.
- 일에 관해 구체적인 직종을 언급한다(총리나 가수 등 실현 가능성이 낮은 직업도 나온다).
- 나갈 때는 미남이 되고 싶다, 키가 컸으면 좋겠다 등 외모에 대한 소원이 늘었다.
- 죽지 않는다는 소원(살고 싶다는 마음)이 늘었다.

현실적인 소원이 늘어난 한편 자신의 행복만이 아니라 가족의 행복, 가정을 이루고 싶은 소망이 증가한 점, 앞으로 하고 싶은 구체적인 직업이 생기는 등 '해 보고 싶다'라는 마음이 생긴 점에 주목할 필요가 있습니다. 처음에는 절망했던 소년들도 소년원 생활 속에서 하고 싶은 일을 발견하고, 소중한 사람과 잘 지내고 싶다는 감정을 품게 된 것입니다.

사회에서 좌절이 많았던 소년들도 환경이 바뀌고 도와주는 사람이 있고 자신을 성찰할 기회가 생기면 긍정적으로 변화할 가능성이 있음을 알게 되었습니다.

이게 있으니까 노력할 수 있다

공부를 못한다, 다른 사람과 소통하지 못한다, 운동도 못한다, 한 가지 일을 꾸준히 하지 못한다, 이성에게 인기가 없다, 부모가 학대한다······. 소년원에는 이처럼 긍정적인 것이라곤 아무것도 없는 것처럼 보이는 소년들도 있습니다.

약 1년에 못 미치는 기간 동안 소년원에서 생활한 후 사회에 나갈 시기가 다가오면 이런 소년들은 매우 불안해합니다. 이대로 사회에 나가면 잘해 나갈 자신이 없으니까요. 소년원에 들어오게 된 계기로 작용했던 생활 습관이나 환경이 1년도 안 되는 기간에 크게 바뀌는 일은 거의 없습니다. 오히려 사회는 퇴소한 소년들을 더욱 가혹하게 대하기 쉽습니다. 그들에게 소년원 출신이라는 딱지를 붙이고 더 엄격하게 재단할 가능성이 큽니다. 그 결과 다시 범죄의 유혹에 빠지는 경우가 많습니다. 실제로 소년원 출신자의 약 40%가 25세가 되기 전에 벌금 이상의 형사 처분을 받는다는 조사 결과(2015년 범죄 백서)도 있습니다.

저 역시 퇴소 직전의 소년들과 면담하며, 이대로라면 또 비행을 저지를 것 같다는 생각이 드는데도 내보낼 수밖에 없는 현실이 참으로 안타깝고 답답했습니다. 소년원에서 사회의 인식과 환경까지 바꿀 수는 없습니다.

하지만 암담한 상황에서도 희망의 실마리를 엿볼 때가 있었습니다. 그런 소년들도 자신의 꿈을 이야기할 때는 눈이 빛나고 있었다는 점입니다. 장래의 꿈을 물어보면 "사장이 되어서 직원들에게 잘해주고 싶다", "큰 집에서 가족과 행복하게 살고 싶다", "농사를 짓고 싶다", "할아버지, 할머니가 좋으니까 간병 일을 하고 싶다" 같은 얘기를 합니다. 이런 이야기를 할 때 소년들의 얼굴에는 생기가 넘칩니다. 자신을 둘러싼 가혹한 상황 속에서도 눈을 빛나게 했던 그 꿈들이야말로 그들에게 남겨진 유일한 희망이 아닐까요?

하고 싶은 일이니까 열심히 해 보겠다는 마음. 그들을 움직일 원동력은 그것뿐이라는 생각이 들었습니다.

하지만 주변 어른은 "그런 꿈만 좇지 말고 좀 더 현실적인 걸 찾아야지" 하고 입 밖으로 말하진 않더라도 좀 더 소년들이 접근하기 쉬운 수준의 일을 소개하려고 합니다. 이에 소년들은 낙담하고, 일시적으로는 따를지도 모르지만 이미 눈의 반짝임은 사라집니다. 금방 일을 그만두고 이리저리 전전하게 되기 쉽죠. 그들의 꿈이 아무리 현실에서 동떨어져 있어도 진심으로 하고 싶어 하는 일을 진지하게 응원하는 것, 그것이 우리 어른들이 해야 할 일이 아닐까요?

의욕 스위치를 어떻게 누르게 할 것인가

앞에서 이야기한 세 가지 소원 설문에서 비행 소년들도 안정된 환경에서 지내면 인정받고 싶다는 동기와 다른 사람이 행복해졌으면 좋겠다는 바람이 강해지는 것을 확인할 수 있었습니다. 가족이나 연인, 앞으로 만들어 갈 가족의 행복을 바라게 됩니다. 그들에게도 자신의 욕망을 위해서

만이 아니라 타인을 위해서 노력하고 싶다는 마음이 있습니다. 모두가 그렇다고는 할 수 없지만 과제를 함께 수행하는 사람들과의 관계가 의욕을 일으키는 계기가 된다면, 그런 대상을 만들어 줌으로써 노력 스위치를 더 쉽게 누르게 하는 방법도 생각해 볼 수 있습니다.

어떻게 하면 가능할까요? 우리 지원자들은 노력하지 못하는 사람들의 스위치를 누르기 위해 다양한 방법을 동원하지만 대체로 성공하지 못한다고 앞 장에서도 이야기했습니다. 『케이크를 자르지 못하는 아이들』에서도 '아이 마음의 문에 달린 손잡이는 안쪽에만 달려 있다'라고 이야기했는데, 의욕 스위치도 마찬가지입니다. 스위치는 안에만 있습니다. 만약 지원자가 바깥에서 손을 뻗쳐 스위치를 누르려고 하면 문이 닫혀 버릴 수도 있습니다. 더 나쁜 것은 지원자가 억지로 문을 열고 스위치를 누르려고 하다가 아예 부숴 버리거나, 이 아이에게는 의욕 스위치가 없을 거라고 처음부터 단정 짓는 것입니다.

저 역시 한 소년에게 처음부터 의욕 스위치가 없을 거라고 단정했다가 큰 깨달음을 얻은 경험이 있습니다. 그 소년은 사회에서 많은 좌절을 경험했는지 의욕이라고는 찾아볼 수 없었습니다. 노력하는 것도 처음뿐 지속되지 않았습니다. "해도 안 되니까~", "왜 해야 하죠?", "시키면 하겠지만~"이 입버릇이었습니다.

하지만 그런 소년도 다른 모습을 보여준 때가 있었습니다. 소년원에서는 운동회 행사 중 하나로 어부들의 노동요 소란부시(ソーラン節)에 맞춰 단체로 춤을 추었습니다. 동작을 좀처럼 외우지 못하는 소년들을 연습시키며 교관들이 애를 먹었습니다. 그중 한 명이 바로 무슨 일이든 불평부터 터뜨리며 언제나 의욕이 없는 그 소년이었습니다. 그는 처음부터 대충 연습했고 저도 '역시~'라는 차가운 눈으로 바라보았습니다.

그런데 운동회가 가까워지자 점점 소년의 표정이 바뀌기 시작했습니다.

운동회는 보호자들도 보러 옵니다. 소란부시 춤이 시작되기 직전까지도 저는 그 소년이 '이런 건 바보 같아'라고 생각하고 성의 없게 춤을 출 것으로 생각했습니다. 하지만 저는 완전히 틀렸습니다. 소년은 이제껏 보여준 적 없는 열띤 표정으로 땀투성이가 되어 춤을 추었습니다. 제가 그의 진짜 모습을 몰랐던 것입니다. 소년도 노력할 수 있었습니다. 그의 진짜 모습을 모르고, 의욕 스위치 같은 것은 없을 거라고 속단했던 저 자신을 반성했습니다.

한 사람 한 사람의 동작이 모여 엄청난 에너지를 뿜어내는 군무가 완성됩니다. 어쩌면 그 소년은 하나의 목표를 향해 다른 사람들과 힘을 합쳐 도전하는 경험을, 철이 들고 난 후로는 처음 해 본 게 아닐까요?

저는 이 일을 통해 아무런 의욕이 없는 것처럼 보이는 사람도 뭔가 해 보고 싶은 마음이 생기면 남들처럼 노력할 수 있음을 똑똑히 알게 되었습니다.

노력하고 싶지 않은 이유

반대로 노력하고 싶지 않을 때는 언제일까요? 누구나 그럴 때가 있습니다. 다음은 공부하기 싫은 이유, 일하기 싫은 이유를 온라인 검색으로 조사해서 열거한 것입니다.

공부하기 싫은 이유
- 내용이 어렵다.

- 잘 외우지 못한다.
- 계산하기 싫다.
- 시험 점수가 낮다.
- 내용이 재미없다.
- 입시 과목이 아니다.

―

- 비교당하는 게 싫다.
- 미래에 도움이 안 된다.
- 목적을 모르겠다.
- 부모가 공부하라고 귀찮게 한다.
- 선생님이 싫다.

일하기 싫은 이유
- 보람이 없다.
- 일이 재미없다.
- 싫어하는 일이다.
- 급여가 적다.
- 아무리 해도 끝나지 않는다.
- 회사 분위기가 싫다.

- 휴가를 낼 수 없다.
- 장시간 노동이 싫다.
- 출퇴근이 힘들다.

―

- 처음부터 나만 소외당하고 있다.
- 제대로 평가받지 못한다.
- 자신감이 없다.
- 압박을 느낀다.
- 내 능력을 발휘할 수 없다.
- 인간관계가 싫다.
- 상사가 싫다.
- 부양할 가족이 없다.

사람들이 공부와 일을 싫어하는 마음이 잘 느껴지지 않나요? 이런 이유가 여러 개 있다면 정말 노력할 마음이 생기지 않을 것입니다.

공부하기 싫은 이유와 일하기 싫은 이유 중간에 각각 선을 그어놓았는데, 그 기준은 무엇일까요? 앞부분은 공부나 일 그 자체에서 찾은 이유이고, 뒷부분은 공부나 일의 내용과는 관계없는 이유입니다.

앞부분의 이유는 공부나 일 자체의 속성, 환경과 관련된 문제로 당사자가 해결하기 어렵습니다. 그러나 뒷부분의 이유는 어떤 공부나 일을 하든 생길 수 있는 문제로 당사자의 특성 및 대응 방식과 깊은 관련이 있습니다.

그렇다면 더 힘든 것은 어느 쪽일까요? 역시 뒷부분이 더 괴로울 것입니다. 모두 함께 겪는 고통이 아니라 나만 겪는 고통이라면 더 괴로울 수밖에 없습니다. 공부가 싫은 이유, 일이 싫은 이유 중 공통된 것으로는 '제대로 평가받지 못한다', '선생님(또는 상사)이 싫다', '왜 하는지 목적을 모르겠다' 같은 항목이 있습니다.

상사나 선생님은 맘대로 고를 수 없으니 그들이 싫다거나 그들로부터 제대로 평가받지 못하는 문제에 대해서는 대개 당사자가 고민하고 현명하게 대처해야 합니다. 이에 대해서는 6장에서 본격적으로 다룹니다. 여기서는 의욕을 불러일으키는 전망, 목적, 사회적 의의에 관해 이야기합니다.

의욕으로 이어지는 세 단계

스티븐 롤닉과 윌리엄 밀러의 『동기면담Motivational Interviewing』에 따르면 동기는 준비(readiness), 의사(willing), 능력(ability)이라는 세 요소를 포함합니다. 우선순위 결정이나 프로세스 예측 등의 준비, 바뀌고 싶다는 마음(의사), 바뀔 수 있다는 자신감(능력)이 필요합니다.

이 세 요소가 있어도 누구나 노력하게 되지는 않습니다. 실제로는 '변하고 싶지만 변하기 싫다'라는 양가적 감정으로 갈등을 겪으며 지원자의 도움을 받아 조금씩 변화합니다. 이러한 동기 부여를 통한 지원 방식은 알코올 의존증 환자 등에게 적용되어 효과를 거두었습니다.

이중 변하고 싶다는 '의사'가 특히 중요합니다. 『동기면담』의 내용과는 별도로, 제가 지금까지의 임상 경험을 바탕으로 분류한, 의욕으로 연결되는 세 단계를 소개합니다. 바로 '예측', '목적', '사명감'입니다.

예측

1단계에서 중요한 것은 그 일을 해 보자는 기분이 얼마나 지속되는가입니다. 이때 3장에서도 소개한 '예측'이 매우 중요한 역할을 합니다.『동기면담』에서 제시한 '준비'와 비슷합니다.

독일 유대인 강제 수용소에서 살아 돌아와『죽음의 수용소에서』를 쓴 정신과 의사 빅터 프랭클은 다음과 같은 일화를 들려주었습니다. 크리스마스에 풀려나 집으로 돌아갈 수 있다는 소문이 수용소에 퍼졌습니다. 하지만 그 소문이 가짜임을 알게 되자 많은 사람이 크게 낙담했습니다. 이후 크리스마스부터 새해를 맞이할 무렵까지 전보다 훨씬 더 많은 수용자가 사망했습니다. 수용소 생활이 언제 끝날지 알 수 없는 상태를 많은 사람들은 견디지 못했습니다. 대체 언제까지 이런 상태가 계속될지 예측할 수 없으면 사람은 노력하기 어렵습니다. 생명을 유지하기조차 어려워지기도 합니다.

얼마나 노력해야 보상을 받는지에 관한 예측도 마찬가지입니다. 가고 싶은 대학에 합격하기 위해서는 얼마 동안, 얼마나 공부해야 하는가. 그것을 알 수 없다면 공부를 계속할 힘이 생기지 않을 것입니다. 인지 능력이 약하면 자신의 현재 실력과 과제의 난이도를 파악하기 어렵고 당연히 얼마나 노력해야 하는지 적절한 예측을 할 수 없어서 점점 더 의욕이 사라집니다. 지원 대상의 인지 기능이 약하다면 지원자가 과제의 진행 단계와 과정, 변수 등을 표나 그림으로 그려서 보여주거나 생활 공간에 붙여 놓는 등 당사자가 출발점과 달성 목표, 현재의 달성 수준을 쉽게 파악할 수 있는 방법들을 고안할 필요가 있습니다.

목적

예측이 가능하다면 다음에 필요한 것은 목적입니다. 아무리 어느 대학에 갈 수 있다는 예측을 해도 무엇을 위해 그 대학에 가는지 목적의식이 없으면 좀처럼 노력할 수 없습니다. 법률을 공부하고 싶으니까, 취업에 유리하니까 등 무엇이든 좋습니다. 목적이 있으면 공부나 일을 열심히 할 수 있습니다. 회사에서 어떤 상품을 개발할 때도 정해진 기한이 있고 제품 완성과 출시라는 목적이 있으면 그 목적을 향해 모두가 나아갈 수 있습니다.

여기서 주의할 점은 목적과 목표는 다르다는 것입니다. 목적은 실현하려고 하는 일이나 나아가는 방향이고 목표는 어떤 목적을 이루기 위해 지향하는 실제적 대상입니다. 공부에 대한 목표를 세운다면 어떤 것이 될까요? 이번 시험에서 등수를 올린다, 지망 대학교에 합격한다 등 '~해야 한다' 같은 의무나 조건이 되기 쉽습니다. 처음부터 부담스러워 의욕이 꺾이기 쉽습니다.

하지만 공부의 목적을 생각하라고 하면 '무엇을 위해'에 집중하게 됩니다. '의사가 되고 싶어서 의학을 배우고 싶다', '돈을 벌려면 경제를 알아야겠다', '패션에 관심이 많아 패션 디자인을 공부하고 싶다'처럼 꿈이 보입니다. 의욕이 생길 만합니다.

사명감

마지막 단계로 필요한 것이 사명감입니다. 예측과 목적만으로는 부족합니다. 빅터 프랭클이 살았던 수용소에서는 많은 사람들이 곧 해방되어 바깥 생활을 만끽하리라 기대하고 참담한 현실을 견뎠습니다. 하지만 앞이 보이지 않고 언제 꿈을 실현할지 불확실해지자 더 이상 그런 노력을 지속할 수 없었습니다.

그렇다면 빅터 프랭클은 어떻게 수용소에서 해방될 날을 전혀 알 수 없는 상태에서도 끝까지 기력을 보존할 수 있었을까요? 그는 자신이 실제로 처해 있는 가혹한 상황과 거리를 두고 높은 곳에서 스스로를 내려다보려고 했다고 합니다. 훗날 '강제 수용소의 심리학'이라는 주제로 강의하고 있다고 상상하면서 마음속으로 강연을 되풀이한 것입니다. 프랭클은 저서에 이렇게 썼습니다.

"중요한 것은 우리가 인생에서 여전히 무엇을 기대할 수 있는가가 아니라, 인생이 우리에게 무엇을 기대하고 있는가이다."

프랭클의 사명은 수용소 체험을 통해 전 세계의 사람들에게 '삶의 의미'를 전하는 것이 아니었을까요?

아무리 열심히 일해도 그것이 자기 인생에 어떤 의미가 있는지, 무엇을 위해 그 일을 하는지, 그 일이 사회에 어떤 의의가 있는지 같은 의문은 반드시 생기게 마련입니다. 안정된 생활을 위해, 생활비를 벌기 위해, 상사가 시키니까, 출세하고 싶어서……. 이런 것만으로는 계속 노력할 수 없음은 사회 초년생의 30%가 3년 안에 이직하는 현실에서도 명확하게 드러납니다.

목적만으로는 단기적으로 노력할 수 있을 뿐 오래 이어

지지 않습니다. 그 일이 내 인생에 어떤 의미를 갖는가, 나의 사명은 무엇인가, 내가 하는 일은 사회에 어떤 의의가 있는가. 이 물음에 대한 답을 찾을 때까지 탐색은 계속됩니다. 답을 찾게 된다면 프랭클처럼 죽음조차 넘어설 정도로 노력할 수도 있습니다.

누구나 행복해지고 싶다

그런데 이런 의욕의 원동력은 결국 '행복해지고 싶다'로 귀칙되는 것 같습니다. 행복해지고 싶으니까 매일 힘내서 노력할 수 있습니다. 그런데 무엇에 행복을 느끼는지가 사람마다 다르고, 행복에 이르는 방법도 사람마다 다릅니다. 그래서 행복을 추구하는 과정에서 문제가 생기기도 합니다.

돈이 많아지면 행복해진다고 생각하면서도 고생해서 일하기는 싫은 사람들은 범죄를 저지르기도 합니다.

예전에 사기로 번 돈으로 어머니에게 고급 외제 차를 선물한 사기꾼이 있었습니다. 어머니를 기쁘게 하고 싶다는 마음은 가상하지만, 수단이 완전히 틀렸습니다. 어떤 사람은 연인의 사랑을 갈구한 나머지 연적을 살해하기도 합니다. 행복해지고 싶다는 동기는 아무 문제가 없지만, 수단을 잘못 고르면 그 동기가 범죄로도 이어집니다.

노력하지 못하는 사람들 중에는 행복해지고 싶다는 마음이 앞서 수단을 잘못 고르는 사람들도 있습니다. 그 마음을 최대한 살리며 올바른 방향으로 노력하게 하려면 어떻게 해야 할까요? 바로 이 문제를 6장에서 고민하고 논의합니다.

제6장

어떻게 도와줄 것인가

지원자의 마음가짐

상담사나 사회복지사 등의 지원자들은 곧잘 당사자들을 '지금 그대로 괜찮아'라며 위로합니다. 지금 상태를 받아들이는 것도 하나의 방법이긴 합니다. '그대로 괜찮아'라는 말을 들으면 보호자는 구원받은 기분이 들 테고, 지원자 역시 보호자에게 그런 말을 전하는 게 편합니다. 하지만 그 말은 내 아이를 위해 온갖 방법을 동원하며 노력해 온 보호자에게 '그렇게 필사적이지 않아도 괜찮아요'라며 안심시키기 위한 일시적인 위안이지, 아무것도 할 필요 없다고 하는 말은 아닐 것입니다.

 2장에서도 말했듯 노력하지 못하는 사람에게 괜찮다고 하는 것은 오히려 그 사람의 가능성을 없앨 위험이 있습니다. 만약 효과적인 방법이 있고, 성장할 가능성이 조금이라도 있는데도 시도하지 않는다면 환경에 의한 장애를 만들어 낼 위험성도 있습니다. 조금이라도 아이가 나아질 가능성이 있다면 거기에 희망을 걸고 싶다는 마음이 보호자에게는 있지 않을까요?

 지원자도 마찬가지일 것입니다. '난 지금 이대로 충분해'

라고 생각하는 지원자는 아마도 소수일 테니까요. 조금이라도 더 노력해서 조금이라도 더 내가 바라는 사람이 되고 싶다, 성장하고 싶다고 생각할 것입니다. 노력하지 못하는 사람들도 살기 위해 어떤 형태로든 반드시 노력해야 합니다.

하지만 4장에서 논의했듯 노력하게 만들겠다는 생각이 앞서면 도리어 의욕을 빼앗기도 하므로 주의해야 합니다.

대하기 싫은 사람이야말로 지원이 필요하다

우리가 지원해야 할 대상은 스스로 노력하기 어려울 뿐만 아니라 스스로 지원을 요청하는 경우도 별로 없습니다. 오히려 현재 상태를 그냥 받아들이는 것처럼 보일 때가 많으므로 지원자도 도움이 필요한지 잘 알아차리지 못합니다.

또, 지원하려 해도 감사 인사는커녕 쓸데없이 간섭한다는 저항에 부딪히기도 합니다. 그런 대상에게는 지원자도 기꺼이 도와주고 싶다는 마음이 생기기 어려울 것입니다. 지원 대상자가 집에서 나오지 않기도 합니다. 하지만 사실은 그런 사람들이야말로 지원이 필요합니다. 본인이 원하지 않아도 지원해야 하고, 자신에게 문제가 있다고 못 느껴도 지원해야 하고, 스스로 오지 않아도 지원해야 합니다. 지원 현장은 그러한 모순과 갈등으로 가득 차 있습니다.

노력하지 못하는 사람은 가까이에 있는 부모나 교직원, 지원자에게 "못 하겠으니 도와주세요!"라고 먼저 말하지 않습니다. 오히려 지원자를 멀리하려는 행동을 취할 때도 있습니다. '거짓말하기', '약속 어기기', '문제 행동 일삼기', '사과하지 않기', '폭언하기' 등으로 보호자와 지원자를 밀어냅니다.

이런 일을 반복적으로 겪고도 사랑으로 감싸안을 수 있는 성인군자는 없을 것입니다. 자꾸 이런 일이 이어지면 "잘되라고 그런 건데", "이해해 줄 수 있는 사람은 나밖에 없을 텐데"라는 생각이 들 수도 있습니다. 노력하지 못하는 사람을 도와주려고 노력하는 사람들의 용기는 종종 꺾이기도 합니다.

애쓰면 애쓸수록 무력감이나 상대에 대한 분노가 커질지도 모릅니다. 그러다 보면 포기하고 그런 상황을 받아들이기도 합니다.

'이제 네 마음대로 해.'
'넌 우리의 기대를 배반했어.'
'역시 쟤한테는 무리였어······.'
'이젠 도와줄 마음도 안 생겨.'

이렇게 노력하지 않는 사람을 멀리하게 되는 경우도 종종 있습니다.

지원자의 세 가지 태도

무력감과 분노 등 다양한 내적 갈등 속에서 지원 업무에 종사하는 사람들의 행동을 단순화해서 다음 세 가지로 나누었습니다.

① '노력하면 어떻게든 된다'는 생각으로 다양한 방법을 시도해 본다.
② '더 이상 노력할 수 없구나'라고 받아들이고 무리하지 않는다.

③ 노력하지 못하는 행동의 배경을 생각하며 그에 맞춰 대응한다.

①은 상대가 노력하길 바라고, 변하길 바라는 강한 마음에서 나오는 태도라고 할 수 있습니다. 물론 좋은 결과가 나올 때도 있지만 지원자의 조바심이 역효과를 낼 때도 있죠. 상대의 현재 상태를 배려하지 않은 엄한 가르침, 노력하면 지원하겠다는 조건부 지원, 노력하지 않으면 지원하지 않겠다는 위협 등 상대의 능력이나 상황을 충분히 고려하지 않고, 상대의 향상에만 주의를 기울이면 반발을 불러일으킬 수 있습니다.

대상자가 지원자의 선의를 왜곡해서 받아들이면 "나한테만 심하게 대한다", "나를 싫어한다"라는 피해자의 관점으로 받아들일 수도 있습니다. 그러면 도움을 청하고 싶을 때도 '또 혼날지도 몰라'라는 생각 때문에 지원자에게 의지하기 어려워집니다. 지원자를 성가시게 느끼면서 멀리하게 될지도 모릅니다. 소년들이 이렇게 지원자를 밀어내면서 점점 더 극단적인 상황으로 빠져들어 비행을 저지르는 사례를 종종 보았습니다. 이런 이유로 노력하지 못하는 사람이 다른 사람들과 거리를 두고 고립되기 쉽습니다.

②는 노력하지 못하는 것이 '당사자의 능력 탓'임을 받아들이고 적극적인 개입을 유보하는 것입니다. 말하자면 현상 유지 노선입니다. 이러면 대상자에게 발전 가능성이 있어도 '지원자의 기대에 적당히 맞추는' 일이 발생할 수 있습니다. 이러다 보면 노력할 기회를 영영 놓치고 맙니다. 언제까지고 낮은 자아상을 가진 채 뭔가를 배울 기회에서 계속 멀어지는 것입니다.

③에서는 노력하지 못하는 사람의 문제 행동에 주목하고, 그 행동의 배경을 생각합니다. 노력하지 못하는 배경에 대해서는 3장에서 소개했습니다. 지원자가 노력하지 못하는 사람에게 부정적인 감정을 느끼는 건 당연합니다. 중요한 것은 이를 자각하는 것입니다. 그럴 때 혼자만 안간힘을 쓰면서 도와주려고 하지 말고 다른 사람에게 털어놓아야 합니다. 그렇게 얻은 '혼자가 아니라는 감각'이 응원하고자 하는 마음으로 연결됩니다. 대상자는 지원자가 자신을 버리지 않는다는 것을 확인하면서 조금씩 의지하게 될 것입니다.

행동의 배경을 생각하며 대하는 것

③처럼 할 수 있다면 이상적입니다. 하지만 쉽지는 않습니다.

저 역시 큰 좌절을 경험한 적이 있습니다. 생활 습관에 문제가 많았던 한 소년을 지원하는 활동을 진행할 때였습니다. 소년은 처음에 제가 내는 과제에 열심히 매달렸으나 능력 문제도 있어서 좀처럼 효과가 나타나지 않았습니다. 효과는커녕 달성 목표와 반대되는 모습을 자주 보여주었습니다. 게다가 활동을 이어가는 동안 점차 게을러지기 시작했습니다. 시종 건들거리는 그의 모습을 보면 '널 위해 이렇게 애쓰고 있는데~' 하는 생각에 분노가 치밀어 오르기도 했습니다. 다른 지원자들은 "방법이 잘못된 거 아닙니까?"라며 상처에 소금을 뿌리는 말까지 건넸습니다. 정말 비참한 심정이었습니다. 제 생각대로 움직이지 않는 상대에게 점점 더 불쾌감이 쌓였습니다.

결국 그는 일방적인 지원, 응답 없는 지도에서 오는 무력감을 제게 철저히 맛보여 주었습니다. 그로 인해 제 인생의 방향성까지 바꾸게 되었죠. 지금 돌아보면 그때 저의 태도는 바로 ①과 ② 그 자체였다는 생각이 듭니다. 당사자의 눈높이에 서지 않고, 지원자가 열심히 노력하면 어떻게든 될 거라는 마음으로 돕는 것이 바로 ①의 지원법입니다. 그랬다가 잘되지 않으니까, 무력감을 느끼며 아무리 노력해도 안 된다고 단정 짓고 ②의 방식으로 옮겨갔던 것입니다.

솔직히 말해 지금도 제가 ③과 같은 지원을 잘할 수 있을지는 자신하지 못합니다. 하지만 그 방법이 아니고서는 노력하지 못하는 사람을 진정으로 도와줄 수 없습니다. 모든 지원자가 ③의 방법을 잘 실천하고 성과를 거둘 수는 없을 것입니다. 그렇지만 ③의 사고방식을 바탕으로 어떻게 하면 조금이라도 효과적으로, 기분 좋게 지원할 수 있는지 심리적인 측면에서 함께 생각해 보고자 합니다.

의욕을 끌어내는 세 가지 토대

그럼 ③의 방법으로 어떻게 의욕을 끌어낼 것인지 구체적으로 생각해 봅시다. 지원자가 제공할 수 있는 것은 크게 나누면 다음 세 가지입니다.

① 안심의 토대

　가족의 소중함을 알았을 때

　자신으로 인한 가족의 고통을 알았을 때

② 페이스메이커(pacemaker, 伴走者)의 존재

　신뢰할 수 있는 사람을 만났을 때

　중요한 역할을 맡았을 때

③ 도전할 수 있는 환경

　자신의 모습을 깨달았을 때

　타인을 대하는 데 자신감이 생겼을 때

　공부하는 내용을 이해했을 때

　장래의 목표를 정했을 때

부모님이나 친척, 학교 선생님, 사회복지사, 정신과 의사, 상담사, 소년원 교관 같은 중요한 어른과 관계를 맺음으로써 안심하고(안심의 토대) 옆에서 함께 뛰어주는 어른(페이스메이커)이 생기면 그들은 비로소 새로운 내가 되고 싶다, 새로운 일에 도전하고 싶다(도전할 수 있는 환경)고 바라며 변화하기 시작했습니다.

안심의 토대

앞서 언급했듯 '노력하면 지원한다'라는 조건부 지원에는 만약 노력하지 않는다면 외면당할 것이라는 불안이 늘 따라옵니다. 노력해도 결국 자신의 정체가 드러나면 버림받을 거라는 불안을 불러일으킵니다. 당사자는 상대가 과연 어디까지 자신을 받아줄 것인지 보려고 일부러 문제를 일으키는 등 '시험 행동'을 곧잘 시도하기도 합니다. 몇 번씩 부적절한 행동을 반복하면서 그래도 외면하지 않고 곁에 남아 있는지, 즉 그 사람이 안심의 토대가 되어 주는지를 확인하는 것입니다.

이러한 시험 행동은 아이라면 이해할 수 있지만, 어른이 된 후에도 반복하면 주변에 불쾌감을 주고 믿음을 얻지 못하게 됩니다. 예를 들어 지역의 뜻 있는 회사가 모처럼 전과자를 채용했는데 근무시간을 잘 지키지 않거나 부적절한 행동을 반복하면 신뢰를 잃고 지원을 철회당할 것입니다.

시험 행동은 '주위의 관심을 끌기 위한 것'으로 이해되기도 하지만, 이는 지원하는 사람의 관점입니다. 이것을 '내가 해결하기는 너무 어려워, 사실은 날 도와줬으면 좋겠어'

라는 신호로 보면 어떨까요? 시험 행동으로 주위에 피해를 주고 있는 것은 사실입니다. 하지만 손 쓸 수 없을 정도로 궁지에 내몰린 사람이 '노력'하기 위해서는 반드시 안심의 토대가 필요합니다.

여기서 말하는 안심의 토대란 정말 곤란을 겪을 때 도와줄 존재입니다. 이 말을 듣고 많은 보호자와 지원자는 '그 점에서는 잘하고 있어'라고 생각할지도 모릅니다.

하지만 주변 어른들이 아무리 '나는 언제든 도와줄 준비가 되어 있어'라고 생각해도 당사자도 그렇게 느낄지는 알 수 없습니다. 이것은 당사자의 마음에 달린 문제입니다.

지원 대상자를 '전기 자동차'에 비유해 보죠. 전기 자동차에는 충전기가 필요합니다. 지원자가 바로 이 충전기 역할을 하는 셈이죠. 전기가 모자랄 때 언제든 충전할 곳이 주변에 있으면 안심할 수 있습니다. 잘 모르는 먼 거리까지 마음 놓고 운전할 수 있습니다.

문제는 지원자 스스로는 충전기 역할을 하고 있다고 생각하는데 '노력하지 못하는 사람'에게는 안심할 수 있는 충전기가 아닐 때입니다. 한편, '노력하지 못하는 사람'이 충전기를 잘 활용하지 못할 수도 있습니다.

이렇듯, 보호자나 지원자가 기꺼이 도와주려 해도 대상자에게 도움이 되기 어려운 상황은 다음과 같이 비유할 수 있습니다.

- 전압이 안 맞는다.
- 충전이 충분히 되지 않는다.
- 필요할 때 충전기를 이용하지 못할 때가 종종 있다.
- 차 사고가 나면 이후 충전기 이용을 아예 거부당할지도 모른다.

이런 불안한 충전기는 '노력하지 못하는 사람'에게 안심의 토대가 될 수 없습니다.
지원하려는 사람이 대상자에게 안심의 토대가 되어 주는 것은 쉬운 일이 아닙니다. 가까운 가족이라서 더 어려운 경우도 있습니다. 그러나 사람이 현재의 상태에서 벗어나려 노력할 때 안심의 토대는 꼭 필요합니다.

페이스메이커

안심의 토대를 얻고 겨우 움직일 수 있게 된 '노력하지 못하는 사람'에게는 이제 페이스메이커가 필요합니다. 그저 지켜보기만 하는 것이 아니라 그 사람이 잠재력을 발휘할 수 있도록, 새로운 일에 도전할 수 있도록 곁에 머무르며 도와주는 사람입니다. 진학, 이직, 이사 등 새로운 환경에 적응해야 하는 모든 상황, 새로운 인간관계, 새로운 일이 '노력하지 못하는 사람'에게는 크나큰 도전적 과제입니다. 페이스메이커는 자동차 비유를 다시 활용하자면, 운전자가 안심하고 혼자 운전할 수 있을 때까지 조수석에 타고 함께 길을 찾아가는 존재입니다. 운전자는 언제든지 의논하고 도움을 청할 수 있습니다.

누구나 새로운 일에 도전할 때는 '하고 싶지만, 처음에는 불안하니까 친한 사람이 함께했으면 좋겠다', '혼자서는 무리니까 누군가 도와주었으면 좋겠다', '혼자 할 수 있을 때까지 응원해주는 사람이 있었으면 좋겠다'고 느낍니다. 어른들도 그런 존재를 갈망합니다. 새로운 곳에 방문하고 싶고, 새로운 일을 시작하고 싶지만, 혼자 하기는 부담스러워 누군가 자신과 함께하길 바랍니다.

 노력하지 못하는 사람에게 처음부터 혼자 도전하는 것은 다른 사람보다 몇 배 더 어렵습니다. 해 보고 싶다는 기분이 있는 반면에 그 이상으로 '누군가 지켜봐 주었으면 좋겠다'는 강한 욕구가 있습니다. 이럴 때 노력하지 못하는 사람은 다양한 신호를 보냅니다. '일하기로 해 놓고 직장에 나가지 않는다', '자기 좋을 대로만 말한다' 등과 같은 행동들입니다. 저는 이런 행동의 이면에서 다음과 같은 마음의 소리를 들었습니다.

"역시 혼자서는 무리야."
"내 속도로 해 보고 싶어."
"열심히 하고 싶지만 강요받고 싶지 않아."
"내가 하는 걸 지켜봐 주고, 잘 해내면 함께 기뻐해 줬으면 좋겠어!"

 이럴 때 페이스메이커의 역할은 격려해서 노력하게 만드는 것이 아니라 괜찮은지 지켜보는 것입니다.

'늘 보고 있어!'
'언제든 도와줄게!'

이 마음이 전해지면 노력하지 못하는 사람들의 의욕 스위치에도 불이 들어옵니다. 이러한 경험을 반복하는 사이 지원자는 노력하지 못하는 사람들의 페이스메이커가 되고, 그들은 새로운 일에 도전할 수 있게 됩니다.

어느 소년원생은 이렇게 말했습니다.

"이제 곧 소년원에서 성인식이 있을 텐데 부모님은 안 오실 거예요. 하지만 담임 선생님은 휴일이라도 절 보러 온다고 하셨어요. 이제까지 절 위해 시간을 내준 사람은 없었는데. 진심으로 제가 잘되길 바라는 사람이 있다는 걸 알았어요."

부모님이 늘 행사에 오는 아이들이라면 누가 자신을 일부러 보러 오는 일이 당연하게 느껴질 것입니다. 하지만 그 당연한 존재가 없다면 '늘 지켜봐 주는' 페이스메이커의 존재가 얼마나 클지 알 수 있습니다.

하지만 여기에서도 지원자가 조수석에 앉아서 운전에 일일이 간섭하는 일을 주의해야 합니다. '좀 더 좌우를 살펴야지', '좀 더 속도를 줄이고', '지금은 액셀을 밟아야지', '핸들을 더 빨리 돌려', '운전 중에는 딴짓하지 마'라며 옆에서 꼬치꼬치 지시하면 참기 어렵죠. 중요한 것은 잘하든 못하든 섣불리 간섭하지 않고 차분하게 끝까지 지켜보는 자세입니다.

도전할 수 있는 환경

안심의 토대와 페이스메이커가 생긴 뒤에야 비로소 새로운 도전을 하고 싶고, 노력해 보고 싶다는 마음이 생깁니다. 그러면 새로운 직장, 새로운 학교에 적응해야 하는 도전, 새로운 역할로 자리매김하는 도전에 나설 수 있습니다. 아마도 사람들이 좌절하는 이유는 안심의 토대와 페이스메이커가 없는 상태로 갑자기 새로운 환경에 놓여 홀로 남겨졌다는 불안에 잠식되기 때문일 것입니다.

교도소나 소년원을 나온 후 일자리를 구할 때가 바로 이런 상황일 것입니다. 도전 과제만 주어질 뿐, 그 뒤는 알아서 '노력해라'라는 상태입니다. 운전학원 내에서만 운전해 본 사람이 갑자기 교통량이 많은 도로로 나가 혼자 운전해야 하는 상황입니다.

이럴 때 '노력하면 지원한다'라는 말은 '안전 운전을 해야 충전해 준다', '만약 사고를 일으키면 더 이상 충전해 주지 않는다'고 말하는 것과 같습니다. 이처럼 안심할 토대도 없고 같은 방향으로 함께 뛰어주는 페이스메이커도 없는 상황이라면 좌절로 이어지기 쉽습니다.

상대의 불안을 알아차리기

세 가지 토대를 좀 더 자세히 살펴보죠. 먼저 안심의 토대를 어떻게 확보할 수 있을까요?

노력하지 못하는 사람들의 배경에는 다양한 이유가 있습니다. 그들은 자신감이 없고, 불안정한 상태입니다. 그래서 다른 사람들보다 더 자주 위기나 불안을 겪습니다. 그럴 때마다 주변의 지원자로부터 "괜찮아"라는 말을 듣고 안심하고 싶은 마음이 들 것입니다.

그들이 노력하지 못하고 곤란을 겪을 때 지원자가 안심

의 토대가 될 수 있을지 아닐지는 다음 두 가지에 달려 있습니다.

- 대상자의 불안과 불편함을 알아주는가?
- 필요할 때마다 의지할 수 있는가?

이런 지원자가 되는 일은 절대 쉽지 않습니다. 특히 지원 대상자가 청소년이나 성인이라면 자존심 때문에 불안이나 불편함을 숨기려 하므로 좀처럼 그들이 보내는 신호를 알아차리기 어렵습니다.

아이라면 자세히 관찰하면서 감정을 알아차릴 수 있습니다. 안절부절못하는 모습, 거슬리는 행동 등이 불안의 신호입니다. 아이는 안심의 토대를 찾아 몇백 번, 몇천 번씩 주위 어른들에게 신호를 보냅니다.

하지만 아이가 성장하면 괴로워도 어릴 때처럼 울며 호소하거나 부모나 어른에게 의지하려고 하지 않습니다. 오히려 반항적인 태도로 거짓말을 하는 등 지원자를 밀어내는 행동을 하기 쉽습니다. 사람들과 거리를 두고 집에 틀어박혀 나오지 않기도 합니다. 그런 모습 이면에 '불안'이 깊이 자리 잡고 있습니다.

일관된 지원의 중요성

안심의 토대가 되기 위해서는 일관되게 지원해야 합니다. 어떤 때는 도와주고, 다른 때는 전혀 도와주지 않으면 지원 대상자로서는 정말로 의지해도 되는 건지 혼란스러울 것입니다. 지원자가 마음의 여유가 없거나 불안정하면 대상자는 도움을 받으면서도 불안을 떨치지 못합니다.

일정 조건을 충족해야 지원한다, 노력하지 않으면 지원을 끊는다는 방침도 마찬가지입니다. 소년원을 나온 비행 소년들을 돕는 사람들은 "그렇게 도와주었는데 왜……"라며 소년의 재범을 한탄하기도 합니다. '그만큼 돌봐 주었으니 사람이 돼야지', '그런 인간은 더 이상 받아줄 수 없어'라는 마음이 생길 수도 있습니다. 하지만 소년이 기대대로 갱생하든, 기대에 반해서 범죄를 반복하든 관계없이 지원이 계속되어야 합니다.

죄를 저질러서 집행유예 중이었던 청년에게서 들은 이야

기입니다. 자신은 부모에게도 버림받았는데, 보살펴 주고 주거까지 제공해 준 노부부가 있었다고 합니다. 그들이 베푼 은혜에 깊이 감사하며 "이제 배신할 수 없다. 이번에야말로 노력하자"라는 생각에 한동안 성실하게 생활했습니다. 하지만 새로운 생활에 익숙해져 긴장이 풀리자 정해진 귀가 시간을 몇 번 어기게 되었습니다.

그러자 "약속을 지키지 않았으니까 이제 안 되겠다"라며 그 노부부로부터 절연 당하고 말았습니다. 물론 원인은 그 청년에게 있지만 애초에 자기관리가 철저한 사람이었다면 범죄와는 인연이 없었을 것입니다. 약속을 잘 지키지 못하는 사람이라 지원이 필요한 것입니다. 약속을 지키려 노력하는 것은 중요하지만, 방만한 생활을 하던 사람이 정반대되는 생활방식을 완전히 체화하기까지는 많은 시간이 필요하고 종종 궤도에서 이탈하게 되기도 합니다. 그렇다고 해서 제공되던 지원이 끊기면 대상자는 더욱더 힘들어집니다.

지원하는 사람이 대상자가 기대에 부응하지 못할 때 실망하는 것은 자연스러운 일입니다. 하지만 그럴 때 바로 지원을 철회하면, 대상자는 그 전보다 더 큰 절망에 빠지게 될 것입니다.

성취감에는 타인의 승인이 필요하다

페이스메이커의 중요한 역할은 지원하는 대상자를 다양한 방식으로 승인하는 것입니다.

'하면 된다'를 경험하며 성취감을 느끼다 보면 자신감과 의욕으로 이어집니다. 심리학자 앨버트 반두라가 제창한 자기효능감(self-efficacy) 개념과 비슷합니다. '자기 평가'가 높아지면 자신에게 믿음을 가질 수 있습니다. 의욕을 끌어낼 때 고려해야 할 매우 중요한 사실입니다. 자신감이 없으면 어차피 잘 안 될 것이라는 부정적인 사고로 이어지기 때문입니다. 그렇다면 어떻게 자기 평가를 높이고 자신감을 갖게 할 수 있을까요?

여기서 핵심은 바로 자기 평가를 높이기 위해서는 타인의 평가가 반드시 필요하다는 것입니다. 성취감도 자신감도, 자신이 성취한 일을 주위에서 승인받아야 생겨나지, 성취한 일 자체에서 생겨나는 것이 아닙니다. 성취한 일에 대해 자신을 둘러싼 사람들이 칭찬하고 높게 평가해 주지 않으면 성취감과 자신감은 생기지 않습니다.

사후에 유명해진 화가들을 보면 알 수 있습니다. 아무리 스스로 이건 멋진 작품이라고 확신해도 살아 있을 때 인정받지 못한다면 "보는 눈이 없다!"라고 세상을 원망하고 자신감을 잃어 비관적인 사고에 빠지기 쉽습니다.

무인도에서 홀로 생활한다면 어떻게 자기 평가를 높이고 자신감을 얻을 수 있을까요? 조금씩 불을 잘 지피게 되고 낚시를 잘하게 되면서 자신감이 생길 수도 있지만, 시간이 흐르면 그런 상태에 익숙해지고 자신이 해내는 일이 당연하게 느껴질 것입니다. 아무리 멋진 음악을 만들어도 무인도에서 혼자 연주하고 노래한다면 시간을 보내기에는 좋겠지만 자신감과 의욕으로 연결되기는 어려울 것입니다. 비교 대상이 없으니 자기 평가의 기준도 명확하지 않습니다. 나는 대체 어떤 사람이며 어떤 장점과 단점이 있는지는 다른 사람과의 관계 속에서 보이는 것입니다. 비교하지 않으면 알 수 없습니다.

의욕은 성취+승인에서 생겨난다

노력하지 못하는 사람에게 성취감을 느끼게 해서 자신감과 의욕을 끌어내고자 한다면 대상자 주변에 적절한 승인 기회를 마련해 놓아야 합니다. 그렇지 않다면 도전할 의욕을 내기 어렵고, 성취의 기준을 알 수 없고, 성취해 봤자 아무도 알아주지 않는다고 실망할 수 있습니다.

 자존감이라는 말을 자주 쓰는데, 자존감이 낮다면 잘하는 것을 발견해서 격려함으로써 자신감을 북돋아 주어야겠다고 생각하기도 합니다. 그런 지원자는 아이의 특기를 발견하려고 애씁니다. 예를 들어 그림을 잘 그리는 아이에게는 그림을 그릴 기회를 많이 주고, 피아노를 잘 치는 아이에게는 피아노 연습 시간을 늘립니다.

 잘하는 것을 찾아서 더 많이 하게 만드는 것으로 끝나면 효과는 미미할 것입니다. 승인하는 말을 제대로 건네야 합니다. 그래야 의욕으로 이어집니다.

유의미한 승인

여기서 주의해야 할 점은 아무거나 승인하면 안 된다는 것입니다.

컵에 든 물에 비유해 보죠. 컵에 물이 반 정도 있을 때, 그것을 '반밖에 안 들어 있다'라고 보느냐, '반이나 들어 있다'고 보느냐는 사고방식의 차이입니다. 어떻게 보든, 물이 반만 있다는 사실은 변하지 않습니다.

만약 물이 가득 있어야 좋다고 가정하면 '물이 반이나 있다'는 말로는 진심으로 기뻐할 수 없을 것입니다. 그저 당사자나 주위를 안심시키기 위해 그렇게 말했다면 예의상 하는 말임을 상대방도 눈치챌 수밖에 없겠죠. 이런 일이 승인을 할 때도 발생합니다.

일하다 보면 잘 까먹는 아이들을 흔히 접하게 됩니다. 보호자가 "저희 아이는 자꾸 까먹어요. 일주일에 한 번은 뭘 잃어버리는 것 같아요"라고 얘기하면, 상담사가 "그 말은 일주일을 5일로 쳤을 때 4일은 아무것도 까먹지 않는다는 말이네요. 80%는 잘 챙기는 거니까 노력하고 있다고 생각해요"라고 말하기도 합니다.

이런 논리는 다른 사례에도 끼워 넣을 수 있습니다. 예를 들어 100점 만점인 시험에서 30점을 받아 온 경우 '30점밖에 못 받았어'라고 보지 않고, '30점이나 맞았네'라고 칭찬하는 것입니다.

이렇게 조금이나마 상황을 긍정적으로 해석하는 말은 보호자도 안심시키고 아이에게도 부담을 주지 않으니 좋은 영향을 미치는 면도 분명히 있습니다. 또, 보호자가 긍정적으로 생각할 수 있다면 초조한 마음에 아이를 질책하는 일도 줄어드는 효과를 기대할 수 있을지 모릅니다.

하지만 긍정적으로 생각하더라도 일주일에 한 번 물건을 잃어버린다는 사실이나 시험에서 30점을 받았다는 사실은 변하지 않습니다. 역시 가장 좋은 것은 물건을 잃어버리지 않고, 시험에서 좀 더 좋은 점수를 받는 것입니다. 만약 일주일에 한 번 정도는 준비물을 까먹어도 되고 시험에서 30점을 맞아도 된다고 기계적으로 승인하면서 조금이라도 나아질 개선책을 세우지 않는다면 장차 피해를 보는 것은 아이들입니다.

'다른 사람의 평가 같은 건 신경 쓰지 마'

'다른 사람의 평가 같은 건 신경 쓰지 마', '무리해서 남의 마음에 들지 않아도 돼' 같은 위로의 메시지를 흔히 볼 수 있습니다. 남의 시선을 너무 신경 쓴 나머지 지쳐 버린 사람들, 상사에게 좋은 평가를 받기 위해 지나치게 노력한 사람들에게 힘을 빼고 자기 속도로, 자기 인생을 살라고 북돋는 의미에서 좋은 얘기일 수 있습니다. 하지만 노력하지 못하는 사람들에게는 오해를 심어줄 가능성도 있습니다.

우리 사회에서는 다른 사람의 평가가 매우 중요합니다. 집단으로 살아가는 이상 타인과의 관계는 피할 수 없습니다. 타인에게 인정받지 않으면 살아가기 힘듭니다.

여기서 '타인'을 구체적으로 살펴보는 것이 좋을 것 같습니다. 타인에는 회사 동료, 거래처 사람, 상담 선생님, 고객, 주치의, 학교 선생님, 친구, 급우, SNS에서 만난 익명의 불특정 다수, SNS 친구들, 부모님, 형제, 배우자, 조부모, 친척, 자식 등등이 있습니다. 우리는 무수히 많은 타인과 관계를 맺고 살아갑니다. 이런 사람들의 평가를 아예 신경 쓰지 않고 살아갈 수는 없습니다. 그런데 노력하지 못하는 사람들이 '다른 사람의 평가 같은 건 신경 쓰지 않아도 돼', '무리해서 남의 마음에 들 필요 없어'라는 말을 곧이곧대로 받아들여 계속 자기중심적으로 행동한다면 주위의 평가는 더욱더 떨어지고 자신감, 의욕과는 멀어질 것입니다.

어떤 일을 평생에 걸쳐서 하겠다고 결심했고, 해야 할 일에 확신이 있다면 다른 사람들의 일시적인 평가에 휘둘리지 않을 수도 있습니다. 주위 사람들이 "그만두는 게 좋다"고 조언해도, 자신의 판단을 밀고 나가 성공할 수도 있습니다. 다만 그런 경우는 예외적입니다. 대개는 남들의 평가를 주의 깊게 듣고 종합해야 자신의 성취를 객관적으로 파악할 수 있습니다.

좋은 평가를 받고 싶다면 친절해져라

다른 사람에게서 좋은 평가를 받으면 자기 평가도 상승하고, 자신감도 붙게 마련입니다. 어떻게 해야 좋은 평가를 받을 수 있을까요? 아이들이라면 시험에서 좋은 점수를 받거나, 동아리에서 활약하면 될 것입니다. 어른이라면 업무에서 성과를 거두는 것입니다. 하지만 노력하지 못하는 사람들은 좀처럼 그럴 수 없습니다.

그러면 어떻게 해야 할까요? 우선 호감 가는 사람이 되어야 합니다. 우리는 호감 가는 사람에게 친절해지고 말을 자주 걸게 됩니다. 결과적으로 호감 가는 사람은 스스로를 괜찮은 사람이라고 느낄 기회가 많아집니다.

어떻게 해야 호감 가는 사람이 될 수 있을까요? 먼저 기본적인 것을 제대로 해야 합니다. 상대방과 눈을 맞추고,

그들에게 호의를 베푸는 거죠. 인사를 하고, 말을 건네고, 친절하게 대합니다. 그런 일을 반복하면 상대방 역시 이쪽에 호감을 느낍니다. 사람은 친절하게 대하는 사람에게 친절로 보답합니다.

반대로 타인에게서 호감을 얻지 못하면 아무도 상대해주지 않고 제대로 평가받지도 못해 자기 평가도 계속 낮은 상태에 머무르게 됩니다. 그러므로, 노력하지 못하는 사람들이 자기 평가를 높이기 위해서는 다른 사람에게 친절하게 대하는 것이 가장 간단하고 효과적인 방법입니다. 그러면 노력하지 못하는 사람들도 인정받는 경험이 늘어나서 점차 의욕이 생겨날 수 있습니다.

타인에게 친절을 베풀 때 자신의 기준과 타인의 기준이 다르면 문제가 생깁니다. 상대방을 위해 한 일이 그 사람에게는 성가시게 느껴질 수도 있습니다. 아무 생각 없이 한 일에 감사를 받기도 하죠. 이럴 때도 상대를 제대로 관찰하고, 상대의 신호를 잘 알아차리는 인지적 활동이 요구됩니다. 인지 기능이 약한 사람들은 분위기를 잘 파악하지 못해 소통이 원활하지 않고 오해가 쌓이는 악순환에 빠질 우려가 있습니다. 인지 기능이 약하다면 그 부분을 훈련해야 합니다.

대인관계에서 예절을 잘 지킨다

인지 기능을 강화하는 것은 쉽지 않고 오랜 시간이 걸립니다. 일단 대인관계에서 예의 바르게 행동할 것을 추천합니다. 인사를 잘하고, 제때 사과하고 감사하며, 잘 거절하고, 상대와 적절한 거리를 유지하고, 시선 처리와 목소리의 크기를 적절하게 조절하는 것 등입니다. 이런 것은 연습하면 누구나 금방 할 수 있습니다. 우선 여기서 출발해 보죠. 노력하지 못하는 사람들의 의욕을 끌어내려면 그들이 역할놀이 등을 통해 대인 예절을 연습해 좀 더 호감 가는 사람으로 바뀌어야 합니다. 멀리 돌아가는 것 같지만 결국 지름길입니다.

'인간관계가 어렵다'는 사람을 자주 만나는데, 그런 사람일수록 인사를 하지 않고, 감사의 말을 하지 않고, 자기중심적인 행동이 눈에 띄고, 기본적인 예의범절에 서투르고, 늘 다른 사람의 험담을 하고, 계속 부루퉁한 표정이고, 이메일 답장도 늦게 하는 경우가 많습니다. 이런 태도가 상대에게 바로 전달되어 상대방 역시 그에 반응해 우호적이지 않은 태도를 보이는 것 아닐까요? 이렇듯 상대에게 좋은 인상을 주지 못하면 그로 인해 '주위 사람들이 나를 싫어한다', '나는 인간관계가 나쁘다'라고 느끼게 되어 더욱 더 타인에게 마음을 열지 못하는 악순환이 이어집니다. 반대로 예의 바른 사람은 호감을 사니 긍정적인 행동이 더욱 강화되는 선순환이 이어집니다.

칭찬하기 좋은 타이밍

페이스메이커가 칭찬할 때는 타이밍이 중요합니다. 앞서 칭찬하기만 해서는 문제를 해결할 수 없다고 이야기했지만, 칭찬 자체의 효과를 부정하는 것은 아닙니다. 다만 칭찬이 독약이 될 경우도 있습니다. 무턱대고 칭찬만 하면 점점 효과가 사라집니다.

지원자도 달가워하지 않을 칭찬이라면 대상자도 마찬가지입니다. 우리는 칭찬받으면 도리어 경계하기도 합니다. '예의상 돌려서 말하는 것 아닐까?', '뭔가 원하는 게 있는 것 아닐까?', '날 바보 취급하는 것 아닐까?' 하며 의심하기조차 합니다. 예를 들어 평소보다 피부도 거칠고 옷차림도 엉망인데, 이성에게 '멋지다', '근사하다'라는 말을 들었다면 칭찬인지 아닌지 혼동될 수 있습니다. 노력하지 못하는 사람들도 마찬가지입니다. 실패를 거듭해서 의욕을 잃은 사람들에게 별로 좋지 않은 성취에 대해 칭찬한다면 오해를 불러일으킬 수 있습니다.

칭찬도 타이밍이 중요합니다. 어느 소년원 교관에게서 들은 이야기 중 가슴에 남은 것이 있습니다.

"아무것도 아닌 일을 아무리 칭찬해도 그들의 마음을 울리지 못합니다. 하지만 그들이 열심히 한 일이라면 마음에서 우러나오는 감사의 말 한마디로도 충분합니다."

예를 들어 청소 자원봉사 활동으로 아침부터 저녁까지 땀투성이가 되어 노력했다면, 지역 어르신들에게 "정말 고맙다"라는 한마디만 들어도 그 말이 그들의 마음에 가닿는 것입니다. 노력하지 못하는 사람들이 뭔가를 열심히 했을 때 즉시 진심에서 우러난 말을 건네는 거죠.

칭찬할 때 상대를 조종하려는 의도가 있다면 반드시 간파당합니다. 당사자가 무엇을 어떻게 하고 있었는지 지원자가 구체적으로 알고 그 부분을 칭찬할 때 적절한 칭찬이 됩니다.

또한 칭찬은 상대에게 맞게 해야 합니다. 가령 가슴을 울리는 칭찬의 말은 성별에 따라 다르다는 연구 결과도 많이 있습니다.

누가 하는 칭찬인가

누가 칭찬하는가 역시 중요합니다.

노력하지 못하는 사람들 중에는 이렇게 되고 싶다는 바람이 있어도 좀처럼 실행으로 옮기지 못하는 사람이 많습니다. 그렇지만 간혹 의욕이 없던 아이가 생각지 못한 계기로 갑자기 사람이 바뀐 듯 의욕을 내기 시작하는 경우가 있습니다. 예를 들어 부모가 아무리 말해도 움직이지 않던 아이가, 동아리의 존경하는 선배에게서 한마디 듣고 사람이 바뀐 것처럼 노력하기도 합니다. 동경하던 사람의 조언, 친구가 건넨 말 한마디가 변화의 계기가 되곤 합니다. 어른의 말보다 또래의 영향이 더 큰 것 같습니다.

정신과 외래에서도 자주 느낍니다. 우울증 약물을 복용하던 여성 환자가 연애를 시작한 후 갑자기 증상이 호전되어 병원에 오지 않게 되는 일이 종종 있었습니다. 우리 의

사끼리도 '연인이 제일 좋은 약이다'라고 말하곤 했습니다.

그런 환자가 갑자기 다시 정신과 외래에 올 때는 대체로 연인과의 다툼이 원인입니다. 그래서 공황발작을 일으키거나 자해 행위, 약물 과용 등으로 치닫기도 하죠. 그런 환자가 연인과 함께 외래에 왔을 때는 되도록 싸우지 말고 보듬어 달라고 조언하기도 합니다.

상담사나 의사, 사회복지사처럼 직업으로서 지원하는 사람만이 아니라, 자기 일이 아닌데도 지원해 주는 사람이 생겼을 때, 노력하지 못하는 사람도 다른 사람처럼 노력할 수 있음을 실감할 때가 많습니다. 잘할 수 있는 계기를 찾아 주고, 제대로 지원한다면 분발해서 의욕을 낼 수 있는 사람이 많을 것입니다.

무엇보다 중요한 것은 미움받지 않는 것

페이스메이커는 먼저 대상자와 좋은 관계를 유지해야 합니다. 4장에서도 언급했듯 지원자가 나를 좋아하지 않는다, 지원자에게 말을 걸거나 다가가기 어렵다는 생각을 품고 있다면 더욱 마음을 닫아 버리기 때문입니다. 아무리 좋은 일이어도 서먹한 사람이 시키면 하고 싶다는 마음이 생기기 어렵죠.

비행 소년들을 면접하는 소년감별소(우리나라의 소년분류심사원)에는 심리 전문가인 법무기술관, 가정법원에는 가정조사관(우리나라의 가사조사관)이 있는데 산뜻하고 인상 좋은 사람들이 많습니다. 모두 어려운 필기시험을 통과한 사람들인데, 최종 면접에서는 인상을 가장 중시하는 게 아닌가 생각될 정도입니다. 다양한 배경을 가진 비행 소년들을 상대하는 직업인 만큼 소년들에게 좋은 인상을 주지 못하면 그들의 마음을 열 수 없습니다. 면접관의 얼굴이 무섭다면 소년들이 경계할 것입니다. 이야기하고 싶다는 마음도 생기기 어렵고, 자신을 도와줄 거라는 느낌도 받기 어렵겠죠.

한편, 미움받지 말라는 것은 일부러 무리해서 좋게 보이라는 것과는 다릅니다. 상대방의 비위를 맞추라는 게 아닙니다. 신뢰받는 존재가 되어서 좋은 관계를 유지하며, 적어도 미움은 받지 않도록 해야 한다는 것입니다. 그러기 위해 상대가 아이여도 존중하고, 이름을 기억하고, 인사하고 배려하는 대인관계의 기본에 충실해야 합니다.

사실 소년원에서 비행 소년들에게 거만하게 구는 교관을 본 적이 있습니다. 그래도 소년들은 시키는 대로 하지만, 마음에서 우러나와 따르는 것이 아니라 소년원이라는 강력한 틀 속에서 권한을 행사하기 때문에 할 수 없이 따릅니다. 소년들에게 거만한 교관은 어른에게도 거만하게 대했고, 동료 사이에서도 평판이 좋지 않았습니다.

이와 비슷한 착각은 회사에서도 볼 수 있습니다. 원청 업체와 하청 업체 사이에서 흔히 볼 수 있죠. 업무상 행사하는 권한을 인간관계의 상하라고 착각하는 사람들입니다. 의사가 되기 전 건설 관련 회사에서 근무할 동안 자주 경험했습니다. 당시 건설부나 지자체 토목부 등의 공무원, 대형 전력회사, 도로공단 등의 직원 중에는 매우 거만한 태도로 민간 건설업자를 대하는 사람들이 있었습니다. 일을 주는 원청 업체인 자신들은 대단한 사람이라고 착각했습니다.

주문을 받아야 하는 건설회사 관계자들로서는 아무리 모욕적이어도 싱글싱글 웃으면서 이야기를 들을 수밖에 없습니다. 그게 그들의 일이기 때문입니다. 마음 깊은 곳에서는 상대의 건방진 태도에 분노를 느낄 때도 많을 것입니다. 이렇게 되면 일에 대한 의욕도 현저하게 떨어지고 이는 당연히 큰 손실로 이어집니다. 기꺼이 하고자 하는 마음으로 임했을 때 얻을 수 있는 기대 이상의 성과를 놓치는 꼴이 되니까요.

반대로 원청 업체의 위치에서도 정중한 태도를 보인 담당자는 하청업자의 존경을 받습니다. 그러면 하청업자는 불필요한 스트레스 없이 일에만 최선을 다하게 되니 결과적으로 원청 담당자의 업무 성과도 높아집니다.

함께 넘어지면서 앞으로 나아가기

5장에서 소개한『동기면담』의 '동기 부여 면접법'은 알코올 의존증 환자에게 자주 활용됩니다. 환자에게 단순히 "술을 그만 드세요"라고 하는 것이 아니라 술을 끊고 싶은 마음과 마시고 싶은 마음을 저울에 걸어놓고, 각각의 장단점을 생각하게 하는 것입니다. 술을 끊으면 좋은 점도 있지만 나쁜 면도 있습니다. 예를 들어 술을 끊으면 스트레스를 풀지 못할 수도 있는데, 술을 마시면 기분이 좋아지며 스트레스가 풀린다는 좋은 점도 있다는 식입니다.

알코올의 나쁜 점만 강조하는 것이 아니라 대상자의 판단을 존중하면서 지원자와 함께 어떻게 할 것인지 생각하는 것입니다. 주위에서 아무리 옳은 소리를 해도 스스로 깨닫지 못하면 변하지 않습니다. 동기 부여 면접법에서는 '저항에 휩쓸려 넘어지면서 나아간다'라는 표현을 씁니다. 치료자는 환자의 저항에 휩쓸려서 함께 넘어지면서도 함께 앞으로 계속 나아갑니다.

말만 조심해도 점수를 딴다

페이스메이커에게 중요한 덕목 중 하나는 너무 가깝지도, 너무 멀지도 않은 적절한 거리를 유지하는 것입니다.

때때로 지원자는 이대로 정말 괜찮은지 불안해져서 안 해도 될 말을 던질 때가 있습니다.

"이대로라면 큰일 날 거야."
"A는 더 열심히 했어."
"언제쯤 시작할 생각이야?"

소년들은 지금까지 이런 말을 얼마나 많이 들었을까요? 이런 말들은 도리어 의욕을 빼앗을 수 있습니다.

소년원을 나온 후 일부 소년들은 일정 기간 보호사의 관리를 받습니다. 이것이 출소 조건인 경우도 있습니다. 보호사는 범죄나 비행을 저지른 사람들의 갱생과 보호에 종사하는 민간인 자원봉사자인데, 매달 보호관찰 대상자가 보호사의 집을 방문하거나, 보호사가 대상자의 집을 찾습니다. 보호사는 대상자의 상황에 관해 이야기를 나누고, 지도나 조언을 합니다. 자원봉사임에도 공력이 많이 필요해서 보통 은퇴해서 사회적으로 안정된 위치에 있는 인망 두터운 사람들이 보호사를 맡습니다. 그들이 하는 일이 바로 페이스메이커의 역할이라고 할 수 있죠.

비행 소년들은 보통 소년원을 나온 후 2주에 한 번 정도 가까운 보호사를 방문합니다. 보호사와 좋은 관계를 형성하기도 하고 그렇지 않기도 합니다. 중간에 학교를 그만두고 다시 소년원에 들어온 소년에게 어땠냐고 물어보면 "계속 설교만 들었다"라고 대답하는 예가 많았습니다.

보호사들도 최선을 다한다는 것을 잘 알고 있습니다. 그러나 소년들에게 너무 가깝게 다가서면 아이들은 부담스러워 도망치고 맙니다. 그렇다고 너무 거리를 두면 '외면당했다'라고 느낄 수도 있으니, 균형을 잡기 어렵겠죠. 그런 사례들을 보며 안 해도 될 말은 하지 않고 지켜보면서, 도움을 요청하면 바로 응하는 정도가 적당한 거리가 아닐까 하는 생각을 했습니다.

음식으로 표현하는 따뜻한 환대

작은 배려로 상대의 의욕을 끌어내기도 합니다.

 자녀를 학대한 부모와 아이를 지원하는 비영리단체에서, 그들이 방문했을 때 특히 신경 쓰는 부분은 함께 먹는 간식이라고 밝힌 적이 있습니다. 학대한 부모에게 간식이라니? 의아하게 느껴질 수도 있습니다. 만남의 목적은 학대를 막기 위한 프로그램에 그들을 참여시키는 것입니다. 그 단체에서는 중요한 행사가 있으면 부모와 아이의 취향을 미리 조사해서 그들이 좋아하는 간식을 준비한다고 합니다. 자식을 학대한 부모들도 좋아하는 과자를 아이와 함께 먹는 시간을 즐깁니다. 이 작은 경험이 부모의 마음을 움직입니다.

 지금까지는 늘 질책당하기만 할 뿐, 타인에게 그런 대접을 받아본 적이 없는 사람은 '이런 내가 좋아하는 것을 기억해 주었다'라며 나중에 그 과자에 관해 이야기하기도 했습니다. "당신을 소중하게 생각합니다. 함께 아이를 어떻게 키울지 생각해 봅시다"라는 말을 도저히 믿지 못했던 부모도 이렇게 중요한 한 사람으로 존중받는 경험을 거듭하면 비영리단체 직원에게 마음을 열고, '이번에는 내가 아이를 소중하게 대하자'라는 마음을 갖게 됩니다. 이렇게 맛있는 과자 하나가 의욕으로 이어지기도 합니다.

 '환대'의 중요함은 누구나 느낍니다. 모임에 초청받았을 때, 무더운 날 차가운 음료수 하나가 화려한 감사 인사보다 훨씬 더 감사의 마음을 잘 표현합니다. 음식만이 아니라 상대의 이름을 잘 기억하고 웃는 얼굴로 부담 없는 인사말을 건네며 '반갑습니다', '감사합니다'라는 신호를 보내는 일. 그런 작은 환대의 표현에 상대도 기운을 내게 됩니다.

미소를 잊지 말자

당연하지만 흔히 놓치는 부분이기도 합니다.

예전에 어느 정신과 병원에서 당직 아르바이트를 하고 있을 때의 일입니다. 정신과 병원은 보통 병동이 여러 개 있고 당직의는 시간이 되면 회진을 돕니다. 각 병동에는 담당 간호사가 있는데 병동에 따라 분위기는 제각각입니다. 매우 친근한 병동도 있고, 무뚝뚝한 병동도 있습니다.

저는 아르바이트로 한 달에 한 번 만날까 말까인 관계이므로 대다수 간호사를 잘 몰랐습니다. 아무래도 친근하게 대해 주는 병동에 가는 것이 편했고, 무뚝뚝한 병동에 가는 것은 어색했습니다. 차이는 찾아간 병동의 간호사실에 들어섰을 때 그들의 표정이었습니다. 미소로 맞아 주는가, 아닌가. 웃는 얼굴로 맞아 주면 환영받는다고 느꼈고, 반대라면 그렇지 못했습니다. 무뚝뚝하다고 느낀 병동의 간호사는 표정이 굳어 있었고, 미소도 볼 수 없었습니다. 담담하게 용건만 전달할 뿐이었죠. 저는 늘 '왜 화가 난 듯 무서운 얼굴을 하고 있을까? 웃는 얼굴로 대해 주면 좋을 텐데'라고 생각했습니다.

하지만 사실은 제 생각과 달랐습니다. 어느 날은 제가 먼저 일부러 웃는 얼굴로 병동을 돌아보았습니다. 그러자 놀랍게도 늘 굳은 표정이었던 병동 간호사도 미소를 지었습니다. 그제야 이유를 알았습니다. 원인은 저였던 것입니다. 저는 너무 피곤한 나머지 무표정하게 딱딱한 얼굴로 각 병동을 돌았습니다. 간호사로서는 알지도 못하는 아르바이트 의사가 표정마저 딱딱하니 더욱 어렵게 느껴져서 자연히 표정이 굳었던 거죠.

이런 일은 좀처럼 자각하기 힘듭니다. 지원받는 당사자가 좀 더 친근하게 반응했으면 좋겠다고 느꼈다면 지원자가 먼저 굳은 표정을 하고 있지는 않은지 되돌아볼 필요가 있습니다. 노력하지 못하는 사람들은 실패 경험을 반복하며 움츠러들기 쉽습니다. 지원자도 처음에는 경계해서 굳은 표정을 지을 때가 많을 것입니다. 그러니 더욱 지원자의 미소가 중요합니다.

'저 아이는 표정이 어둡네'라고 느꼈을 때 '내 얼굴은 어떤가'를 먼저 생각합시다.

아이에게 필요한 것은 힘들고 괴로울 때
의지할 수 있는 '안심의 토대',
도전하고 싶을 때 지켜봐 주는 '페이스메이커'입니다.
의식주와 더불어 이 두 가지가 있다면 노력하지 못하는
아이들도 도전할 수 있는 인간으로 바뀔 수 있습니다.

제7장

보호자를 지원하자

우선 보호자를 지원하자

여기서부터는 보호자를 포함한 지원자에게 초점을 맞춥니다.
 누군가를 지원하려면 역시 지원자 본인부터 건강해야 합니다. 누군가를 지원하기 위해서는 막대한 에너지가 필요하니까요. 자기가 힘을 낼 수 없는데 끈기 있게 다른 사람의 의욕을 끌어내거나 노력하게 만들기는 어렵습니다. 그러니 지원자 스스로가 지원 대상자를 위해 힘을 내겠다는 마음을 갖는 것이 중요합니다. 아이를 지원할 때 가장 효과적인 지원은 아이의 보호자가 힘을 내도록 도와주는 것입니다.
 아이가 열심히 공부하려면 좋은 교재, 좋은 교사, 좋은 환경이라는 세 가지가 갖춰져야 합니다. 보호자의 역할은 '양질의 환경'에 해당합니다. 열심히 학교생활을 한 후 지쳐서 돌아오는 아이들에게는 돌아가서 마음을 놓을 수 있는 편안한 집이라는 환경이 필요합니다. 또, 아이가 노력하고자 할 때 가만히 다가와 줄 페이스메이커도 필요합니다. 보호자는 아이에게 가장 가까운 지원자입니다. 그만큼 보호자의 어깨는 무겁습니다.

누군가 보호자의 이야기를 '가만히 들어주는 것'이 필요합니다. 양육의 어려움에 공감하고 격려하는 등 보호자의 노력을 인정해 주는 것이 중요합니다. 보호자도 혼자서는 힘을 낼 수 없습니다.

아이가 바뀌면 어른도 바뀐다

보호자의 태도를 적극적으로 바꾸기 위해서는 무엇이 필요할까요? 소년원의 사례를 살펴보죠.

소년들이 다시 비행을 저지르지 않게 하려면 무엇보다 보호자의 협력이 중요합니다. 제가 근무하던 소년원에서는 보호자 회의가 정기적으로 열렸습니다. 소년원에 들어올 때, 소년원에서 지내는 동안, 소년원을 나갈 때, 이렇게 1년에 최소 세 번은 보호자 회의가 열렸죠.

보호자는 무슨 말을 들을지 몰라서 불안한 얼굴로 소년원을 찾아옵니다. 하지만 회의의 내용은 이제까지의 양육 태도를 반성하라거나, 소년원을 나온 후에는 제대로 아이를 돌보라고 지도하는 게 아닙니다. 그런 말은 아이가 소년원에 들어오기 전에 경찰과 소년감별소, 가정법원에서 수도 없이 들었을 것입니다. 보호자는 그때마다 사과하고, 피해자에게도 계속 고개를 숙여 왔습니다.

　실제 보호자 회의의 모습은 4장에서 소개했습니다. 그들은 최선을 다해 돌보아도 이해할 수 없는 이유로 비행을 저지르는 자식을 지원하느라 완전히 지친 상태였습니다. 그리고 범죄를 저지르는 자식에 대해 누군가에게 털어놓지도 못하고 고립되어 있었습니다. 하지만 소년들의 비행을 막기 위해서는 보호자들이 다시 한번 노력할 수밖에 없습니다. 그러기 위해서 보호자를 지원해야 하는 것입니다.

　그렇다면 어떤 지원이 바람직할까요? '보호자의 이야기를 듣는다', '아이의 특성을 이해하게 돕는다' 같은 것을 생각해 볼 수 있는데, 궁극적인 보호자 지원은 아이를 위해 다시 노력하자는 마음이 들게 하는 것입니다. 소년원 보호자 회의에서는 보호자의 기운을 북돋아서 한 번 더 아이를 마주하고, 한 번 더 노력하고자 하는 마음이 들도록 노력합니다.

　그러기 위해 소년원에서는 우선 보호자의 노고를 위로합니다.

"지금까지 아이 키우느라 고생 많으셨어요. 정말 힘드셨죠? 지금부터는 저희한테 맡기세요."

이렇게 말입니다. 소년원에 와서 "또 교관에게 혼나고 지도받는 건가" 하고 생각하던 보호자들은 이 말에 가슴이 뭉클해집니다. 소년원 측도 보호자에게 기운을 불어넣는 것이 목적이므로 첫 보호자 회의에서는 소년들의 문제점을 전달하지 않습니다. 소년을 지탱하는 누구보다 소중한 존재로서 우선 보호자를 존중하는 것입니다.

멀리 떨어진 소년원까지 아이를 만나러 오는 것 자체가 많은 에너지가 필요한 일입니다. 소년원에 맡겨달라는 말을 들었지만, 아이가 과연 어떤 상태일지 감이 오지 않죠. 그런 상태에서 아이를 만나러 오려면 상상 이상으로 용기가 필요합니다.

그래서 아이들이 소년원에 들어온 지 수개월이 지난 후 열리는 보호자 회의 직전에는 면회 온 보호자에게 감사 인사를 하도록 소년들을 지도합니다. 입소 전 부모에게 폭언을 내뱉거나 폭력을 휘두른 소년도 많으므로 보호자는 불안과 두려움을 안고 면회실에서 자식이 오기를 기다립니다. 이때 예상을 뒤집고,

"오늘 면회에 와 주셔서 감사합니다!"

라고 아이가 큰 소리로 인사하면 보호자는 깜짝 놀랍니다. 무시당하지는 않을까, 분노를 터뜨리지는 않을까를 생각하고 있던 보호자로서는 '아이가 고맙다고 인사했어', '소년원에 와서 이렇게 변하다니'라는 생각에 허를 찔립니다.

이런 변화는 저절로 일어나지 않습니다. 감사 인사를 할 수 있게 사전에 몇 번이고 연습하는 것입니다. 이 시점에서 아이들의 인사는 '마음에서' 우러나온 것은 아닐 수도 있지만, 보호자에게 자식이 바뀔 수 있다는 희망을 준다면 상관없습니다. 우선은 보호자가 안심하고 면회하러 올 수 있어야 합니다. 돌보기 어려운 자식에게 조금이나마 희망을 느끼고 '다시 한번 힘내자'는 마음이 생긴다면 충분히 성공이라 할 수 있습니다.

'어른이 바뀌면 아이도 바뀐다'라는 말을 자주 하지만 저는 반대라고 느낄 때도 많았습니다. 아이가 변하는 것을 눈으로 보고 '아직 변할 가능성이 있구나, 조금만 더 노력하자'라며 어른도 변하는 것입니다. 즉, '아이가 바뀌면 어른도 바뀝니다'.

보호자의 방식을 억지로 바꾸지 않는다

물론 문제는 그것만으로 해결되지 않습니다. 보호자를 지원할 때는 앞으로 어떻게 아이를 대할 것인가도 함께 고민합니다. 핵심은 다음과 같습니다.

- 보호자의 방식을 부정하지 않는 것이 기본이다.
- 보호자를 억지로 바꾸려 하지 않으며 아이의 성장을 목표로 한다.

비행을 저지른 아이들이니 보호자의 양육 방식을 바꿔야 한다는 생각이 들지도 모릅니다. 하지만 지금까지의 방식이 나쁘다는 것을 보호자가 자각하고 있는 경우라 해도 자기 방식을 부정당하면 그만 의욕을 잃고 맙니다. 게다가 지원자에게 보호자가 바뀌어야 한다는 생각이 강하면 결국 태도로 나타납니다. 애초에 남이 인제 와서 한마디 한다고 변할 정도라면 한참 전에 바뀌었겠지요. 오히려 오랜 시간 가족 안에서 시행착오를 거듭하는 동안 좋은 결과를 낸 것도 있을 테니 그런 대응에 지원의 초점을 맞추는 게 서로에게 훨씬 더 유익합니다.

그렇다고 보호자가 이제까지 해 온 식으로 아무 변화 없이 아이를 대해도 좋다는 것은 물론 아닙니다. 바꾸어야 할 부분 역시 있습니다. 보호자에게 변화를 가져다준 계기를 몇 가지 소개합니다.

- 보호자의 경험을 인정했을 때
  '이제까지 아이 때문에 질책만 받았는데 소년원에 와서 처음으로 노고를 위로하는 말을 들었다. 처음으로 인정받았다.'
- 신뢰할 수 있는 사람을 발견했을 때
  '이 선생님이라면 아이를 이해해 줄 것이다. 믿어 보고 싶다.'
- 아이에게서 변화를 발견했을 때
  '지금까지 무례하게 말했던 아이가 감사 인사를 할 수 있게 되었다.'
- 자신이 아이에게 중요한 존재임을 알았을 때
  '이런 부모여도 면회할 때 아이가 기뻐했다. 아직 내가 할 수 있는 일이 남아 있다.'

이것은 비행 소년 보호자에게 한정된 이야기가 아닙니다.

특효약은 없지만…

보호자가 의욕을 내기 어려울 때도 많습니다. 노력하지 못하는 아이에게 안심의 토대가 되어 주고, 페이스메이커가 되어 주는 일은 상상 이상으로 힘듭니다. 보통 보호자 역시도 안심의 토대가 있어야 하고 페이스메이커를 필요로 합니다.

'누군가에게 이 괴로운 상황을 털어놓고 싶다.'
'배우자가 내 어려움을 잘 이해해 주었으면 좋겠다.'
'믿을 수 있는 친구나 선생님이 필요하다.'

이와 같은 마음도 생겨날 것입니다.
또, 아이가 개선되지 않을 때 보호자의 마음속에는 다음과 같은 감정이 소용돌이칩니다.

죄책감 "내 탓인가?" "애정결핍?"

초조함 "왜 내 자식만 못하지?"

불안 "내가 이 아이를 키울 수 있을까?" "아이가 나를 원망하면 어떻게 하지?"

두려움 "앞으로 범죄자가 되면 어떻게 하지?" "사실은, 내 자식이지만 무서워."

분노 "아무도 알아주지 않아."

보호자 역시 불안하고, 때로는 사는 것이 괴로울 정도로 어려운 상황이 될 수도 있습니다. 그럴 때 아이의 문제 행동에 보호자는 다음과 같은 반응을 보이기도 합니다.

① 싸운다.
   아이에게 지지 않으려고 강하게 혼낸다, 남 탓을 한다.
② 도망친다.
   아이의 문제를 모르는 척한다, 일에 몰두한다.
③ 개선할 노력을 하지 않는다.
   아이의 말대로 한다, 투정을 받아준다.

흔한 유형이 ①입니다. '아이가 나를 바보 취급하는 것 같다', '화가 나서 감정에 휩쓸렸다' 등의 상황입니다. 이렇게 되면 보호자는 아이에게 안심의 토대가 될 수 없어 서로 악순환에 빠집니다. 이때가 바로 보호자를 지원해 줄 사람이 필요한 때이기도 합니다.

문제를 안고 있는 아이의 보호자에게 다른 보호자들은 반짝이고 훌륭하게 보일지도 모릅니다. 초조함과 분노, 질투를 느낄 수도 있습니다. 그런 경우는 대체 어떻게 지원해야 할까요?

안타깝게도 특효약은 없습니다. 보호자 자신이 스스로 ①~③의 상황에 있을지도 모른다고 자각하는 것이 시작입니다. 그 자체에 의의가 있습니다.

'나는 지금 괴로운 상태다. 그런 가운데 이 아이에게 안심의 토대, 페이스메이커가 되어 주려 하고 있다!'

괴롭고 종종 모순된 행동을 하지만, 그럼에도 노력하는 것입니다.

한편, 아이의 관점에서 정말 자신을 뒷받침해 주는 부모란 어떤 사람일까요?

- 계속 옆에 있어 주는 사람
- 사랑을 늘 표현해 주는 사람
- 무엇이든 들어주는 사람

사실 아이는 꼭 이런 부모를 원하지는 않습니다. 아이가 필요로 하는 것은 사는 것이 힘들고 괴로울 때 뒷받침해 주는 '안심의 토대', 도전하고 싶을 때 지켜봐 주는 '페이스메이커'입니다. 의식주와 더불어 이 두 가지가 있다면 노력하지 못하는 아이들도 도전할 수 있는 인간으로 바뀔 수 있습니다.

사회로 이어주는 다리

발달장애가 있는 아이와 함께 찾아온 한 어머니와 상담할 때의 일입니다.

그 어머니의 말에 따르면, 아직 경험이 적어 발달장애를 잘 모르는 담임 선생님이 아이가 못하는 일에 대해 "좀 더 노력해야지!"라고 했다고 합니다. 어머니는 담임 선생님이 아이의 특성을 이해하지 못한다는 불만을 품고 있는 것 같았습니다. 발달장애아가 다양한 과제를 해내지 못하는 건 게으름 때문이 아닙니다. 담임 선생님은 이 아이가 노력하지 않는다고 오해했을지도 모릅니다. 그런 의미에서 "좀 더 노력해야지!"라는 말은 부적절하게 느낄 수 있죠. 어머니는 "지난번 담임 선생님은 아이를 잘 이해해 주셔서 좋았어요. 담임 선생님을 바꿀 수 있으면 좋겠지만 우리 애만 특별대우 해 달라고 할 수는 없으니까요"라고 낙담한 표정으로 말했고, 저도 잠자코 듣고 있을 수밖에 없었습니다.

하지만 그렇게 말하던 어머니는 갑자기 무언가 깨달은 듯 이렇게 말했습니다.

"그래도 다양한 선생님이 있는 게 좋을지도 모르겠네요. 앞으로 사회에 나가면 직장 상사를 고를 수는 없으니까요."

어머니는 말을 계속해 나갔습니다.

"사회에 나가면 아이의 장애를 배려해 주는 사람만 있는 건 아니니까 할 수 없는 일을 두고 '노력해라'라고 말하는 사람도 많을 거예요. 지금부터 다양한 선생님을 만나며 익숙해지는 게 좋을지도 몰라요."

이 말을 들으며 이 어머니는 사회로 이어주는 다리가 어떠해야 하는지 제대로 이해하고 있다고 느꼈습니다. "선생님이 알아주지 않는다"라고 담임 선생님을 원망해 봤자 아무것도 해결되지 않습니다. 고난을 안고 있는 아이의 현재 상태를 직시하고, 아이가 이겨낼 수 있는 문제를 극복해 가는 모습을 지켜보는 것. 이 어머니에게서 그런 사람과 함께 살아가는 것이 진실로 어떤 것인지 본 것 같았습니다.

제8장

'미소'와 '환대'

우울증으로 고통받는 교사와 의사

여기까지 살펴본 것처럼 그런 사람이야말로 지원이 필요하지만 노력하지 못하는 사람을 지원하는 것은 만만치 않은 일입니다. 그래서 지원자 중에서도 '더 이상 노력할 수 없는 지원자'가 있습니다. 비협조적인 사람을 지원하려고 애쓰다가 한계에 부딪힌 것입니다.

최근 학교에서는 아동을 가르치는 것보다 보호자의 불만에 대처하는 등 엄청난 부가 업무 때문에 몸과 마음이 완전히 소모되어서 우울증에 걸리는 교사가 급증하고 있습니다. 병원에서도 성심성의껏 대한 환자에게 도리어 매도당해 우울증을 앓는 의사가 있습니다. 이런 사람들에게 "더 노력해라"라는 말은 결코 할 수 없습니다. 교사나 의사는 원래 지원자의 역할을 하지만 더 이상 노력할 수 없는 상태인 거죠. 지원자에게도 돌봄이 필요할 때가 있습니다.

지원자를 지원하는 일과 관련된 영역은 광범위하지만, 여기서는 지원자 간의 연대에서 제가 느낀 문제점을 이야기하며 마지막 장을 마무리하고자 합니다.

여기서 말하는 지원자는 노력하지 못하는 사람을 지원하

는 전문직(교육이나 복지, 의료 관계자 등)을 염두에 두고 있지만, 가족 내 지원을 포함해 어떤 지원 영역에서든 이와 공통된 부분이 있으리라 생각합니다.

지원자 사이의 갈등

지원자는 일할 때 보통 다른 지원자 역시 자기와 같은 방향으로, 또 같은 온도로 연대하길 바랍니다. 하지만 실제로는 지원자 사이에 다양한 갈등이 발생하고 있습니다.

그쪽 담당이라며 책임을 떠넘기는 일부터 시작해서 심해지면 서로의 일을 방해하고 악의적인 훼방을 놓기도 합니다. 지원자끼리 갈등을 겪는 경우, 지원자와 지원 대상자가 갈등할 때보다 부작용이 더 클 수도 있습니다. 사전에 듣지 못한 이야기다, 멋대로 정했다, 나만 회의에 부르지 않았다, 일부러 정보를 전하지 않는다, 일방적으로 일을 떠넘긴다, 메일 내용이 일방적이다, 등 사소한 이유로 지원이 중지될 수도 있습니다. 사람이 모이는 곳이라면 이런 충돌은 피할 수 없습니다.

지원자들을 위한 연수 중 '사례 검토회'라는 것이 있습니다. 지원자가 평소 대응하기 어려운 대상자의 사례를 들고 오면 모든 직원, 때로는 해당 업무와 관련된 다양한 직종의 사람들이 모여 어떻게 하면 더 잘 지원할 수 있을지 사례를 검토하는 것입니다. 기본적으로 원활한 지원으로 대상자가 조금이라도 더 호전되길 바라는 목적이지만, 동시에 문제와 가장 가까이 있는 사례 제공자인 지원자의 기운을 북돋울 목적도 있습니다. 하지만 이러한 목적을 실현하기 위해서는 많은 준비가 필요하고 고려할 사항도 많습니다.

현재까지의 경위를 정리해서 사례를 발표하려면 많은 시간과 에너지가 필요합니다. 게다가 검토회에서 다른 참가자가 무슨 말을 할지 모르니 긴장됩니다. 이제까지의 노고를 위로하고, 효과적인 조언을 해 준다면 사례 제공자도 기운이 나겠지만, 그중에는 지원 방식의 문제를 제기하며 제공자를 질책하거나 이상론과 정론을 고집하며 '이렇게 해야 한다'라고 제공자를 탓하는 참가자도 있습니다.

더 심각한 경우라면 누구의 책임인지 따지거나 '부모의 애정 부족 때문'이라는 식으로 범인 찾기를 하기도 합니다. 그러면 사례 제공자는 의욕을 잃고 더욱더 힘들어집니다.

사례 제공자가 모두의 앞에서 자기 방식을 부정당하고, 질책당하고, 혼나는 장면을 보면 사례 검토회에 참가한 다른 사람들도 위축되고 맙니다. 사례를 제공할 차례가 되면 무난한 사례만 꺼내 온다거나, 실패를 감추려고 하거나, '다른 사람이 이해하지 못할 뿐 내 방식이 옳다'고 우겨서 더 나은 해법을 모색하려는 모임의 본래 의미가 손상될 수 있습니다. 사례 제공자가 검토회에서 참가자와 싸우면 대부분은 고립되고 맙니다. 결국 혼자서 어려운 사례를 끌어안는 결과로 이어질 뿐이죠. 그러면 가장 피해를 입는 것은 지원받는 대상자입니다.

'미소'와 '환대'

지원 현장에서 어떤 행사 계획을 짜기 위해 회의를 해 보면 건설적인 의견을 다양하게 제시하는 사람, 다 아는 이야기를 길게 늘어놓는 사람, 말수는 적지만 의견을 물으면 좋은 지적을 하는 사람 등등 다양한 유형이 존재합니다. 다양한 유형이 있으니 뭉뚱그려 무엇이 좋다고 우열을 가리기는 어렵습니다.

결국 그 사람이 어떤지는 행사 당일이 되면 분명해집니다. 당일에 얼마나 몸을 써서 움직이는가, 그게 전부입니다. 기획만 하고 당일에는 대기실에 틀어박혀 나오지 않는 사람, 다른 지원자들은 바삐 움직이는 데 도우려 하지 않는 사람, 어딘가로 사라지는 사람. 이런 사람들을 한데 묶어 모두 나쁘다고만은 할 수 없지만 씁쓸한 기분이 듭니다.

한편, 자신이 바삐 움직일 뿐만 아니라 다른 사람도 끌어들여서 의욕을 북돋울 줄 아는 사람이나 안 보이는 곳에서 움직이는 사람의 존재는 지원자 모두에게 기운을 줍니다. 특히 모두 지쳐서 녹초가 되었을 때 긍정적인 말로 주변을 움직이고, 웃음으로 즐거운 분위기를 만드는 사람들에게는 절로 고개가 숙여집니다. 이런 사람들은 쉽게 다른 이들의 신뢰를 얻으며 동료도 늘어날 것입니다.

지원자들 역시 이처럼 안 보이는 곳에서 움직이는 사람들에게 의지하고 있음을 실감합니다. 여기서도 공통되는 것은 '미소'와 '환대'임을 절실히 느낍니다.

지원해야 할 상대는 가까이에 있다

지금까지 살펴봤듯 누군가를 지원하는 일은 정말 어렵습니다. 알면 알수록 나는 못 하겠다, 좋은 일이지만 나와는 무관하다고 생각할 수도 있을 것입니다.

하지만 태어나서 지금까지 한 번도 다른 사람의 지원을 받은 적 없는 사람은 없습니다. 또 살아가면서 '난 못 하겠어'라고 좌절한 적이 한 번도 없는 사람도 없을 것입니다.

누구나 어린 시절, 부모님이나 선생님, 친구들이 지켜보며 격려해 주었던 일, 어른이 되어서도 누군가 무심코 건넨 한마디에 기운을 내고 용기를 얻었던 기억이 분명히 있을 것입니다. 우리는 모두 어딘가에서 계속 누군가의 지원을 받으며 살아왔습니다.

지금 우리 주변에도 지원을 기다리는 사람이 틀림없이 있습니다. 소중한 가족이나 연인, 친한 친구나 직장 동료, 함께 아르바이트하는 사람일 수도 있습니다. 꼭 도와달라고 말하지 않을 수도 있고, 도리어 별 이유 없이 짜증을 낼지도 모릅니다. 그럴 때 '혹시 힘을 낼 수 없어서 어려움을 겪고 있다는 신호는 아닐까?' 하고 생각해 본다면 상대를 대하는 방식도 바뀔 수 있죠. 그런 사람들에게 해 줄 수 있는 일이 반드시 있을 것입니다. 누군가에게 도움을 받은 경험은 다음에 누군가를 도와주는 계기로 이어집니다.

못하는 나는 '예의 없는' 사람

마지막으로 아동 교육 상담 중에 직접 들은 말을 소개하고 싶습니다. 공부를 잘 못하던 초등학교 5학년 아이에게 부모님이나 선생님이 자신을 어떻게 생각할 것 같으냐고 물어보았습니다. 그러자 그 아이는 이렇게 대답했습니다.

"나를 나쁜 아이라고 생각할 거예요."

이유를 물으니 이런 대답이 돌아왔습니다.

"약속을 어기니까."
"물건을 자꾸 부수니까."

그 아이도 약속을 어기고 싶어서 어기는 것이 아닙니다. 물건을 부수고 싶어서 부수는 것이 아닙니다. 초등학생 정도의 아이에게 주위 어른들이 자기를 어떻게 보는지는 아이의 자아 긍정감에 큰 영향을 미칩니다. 이 아이는 '잘 못하는 나를 어른들은 나쁜 아이라고 생각한다'라고 느끼고 있었습니다.

이어서 나는 그 아이에게 이렇게 물었습니다.

"앞으로 어떤 사람이 되고 싶어?"

그러자 아이는 대답했습니다.

"여러 일을 제대로 하는 사람. 머리가 나쁘니까 좋아지고 싶어요. 가르쳐 줘도 모르니까 선생님한테 예의가 없는 것 같아요."

열 살 정도 되는 아이가 자기가 잘 못하는 것을 두고 어른에게 '예의가 없다'라고 느끼고 있었습니다. 이 대답을 듣고 경악했습니다. 오히려 반대가 아닌가 하고요. 이 아이가 마음고생하지 않도록 노력해야 하는 것은 어른들의 몫입니다. 하지만 작은 아이가 '잘 못하는 나'를 죄송하게 생각할 정도로 상처받고 있었습니다.

어른이 아무리 괜찮다고 말해 주어도 잘하지 못하면 자신감을 가질 수 없습니다. 누구든 좋은 평가를 받고 싶습니다. 우리는 이런 아이를 위해 무엇을 할 수 있을까요? 말로 표현하기 어려운 감정이 치밀어 올랐던 순간이었습니다.

노력하지 못하는 사람들을 지원하려면 오랜 과정이 필요합니다. 지금은 자립해서 살아가며 그런 사람들을 지원하는 우리들 역시 나이를 먹고, 언젠가는 지원이 필요한 쪽에 속하게 됩니다.

노력하지 못하는 사람들과 함께 살아간다는 것은 우리에게 어떤 의미를 갖는가. 그런 것을 생각할 때 이 책이 조금이나마 도움이 되기를 바랍니다.

나오는 말

『케이크를 자르지 못하는 아이들』이 출판되어 베스트셀러가 된 후 "선생님의 책을 읽고 인지 능력의 중요성을 알았습니다"라는 감상을 자주 듣게 되었습니다.

저는 그럴 때마다 묘한 기분이 듭니다. 소년원에서 근무하면서 인지 능력의 문제가 소년들의 비행과 밀접한 관련이 있음을 알게 된 후, 그 책을 출판하기 훨씬 전부터 강연회나 연수회에서 수백 번이나 그 실태를 알려왔기 때문입니다.

제게 감상을 전해 주는 교육 관계자들은 그런 강연회에서 한 번쯤은 이야기를 들어 본 분들일 것입니다. 하지만 그때는 필요한 내용이니까 이해해 보자고 생각하는 대신 "저런 의견도 있구나" 정도로 받아들였나 봅니다. 같은 내용도 높은 평판을 얻어야 비로소 이해하고자 하는 마음이 생기는 것임을 깨달았습니다.

이 책을 써야겠다는 생각은 『케이크를 자르지 못하는 아이들』을 쓰던 도중에 생겨났고, 그 생각이 점점 강해져서 전작을 다 쓴 후에 바로 구상하기 시작했습니다. 케이크를 자르지 못하는 소년들은 그 후에 어떻게 살아가면 좋을 것인가. 사회는 그들을 어떻게 지원해야 하는가. 그 후의 이야기는 만화판 『케이크를 자르지 못하는 아이들』 제1권에서도 묘사했습니다. 만화판에서는 이번에야말로 노력할 수 있다는 마음으로 소년원을 나온 주인공이 결국 사회에 잘 적응하지 못하고 살인으로 치닫는 사례를 들고 있습니다. 본인의 의지가 아무리 강해도 그것을 받아줄 사회의 체제가 변하지 않는다면 원래대로 돌아가기 쉽습니다.

그들을 향해 던지는 "노력하면 지원합니다"라는 응원에 늘 의문을 느꼈고, "그럼 노력하지 못하면 어떻게 되는 건가?"라는 의문을 주제로 책을 써 보고 싶다고 생각하게 되었습니다. 그리고 차기작에 대해 신초샤 신초신서 편집부 요코테 다이스케와 이야기해 보려고 생각했는데 그가 먼저 "다음 작품은 그 소년들의 이후 삶에 대해 썼으면 좋겠다"

라고 제안했습니다. 전작의 독자 중에도 같은 생각을 가진 분들이 있을지 모릅니다.

이 책의 핵심은 단순합니다. '노력하지 못하니까 더욱 지원해야 한다'. 그것뿐입니다. 결과적으로 성과를 낸 사람들이 좋은 평가를 받아 더 많은 지원을 받게 되는 한편, 성과를 내지 못한 사람들은 노력하지 않았다, 게으르다고 간주되어 지원받기 어렵게 되고 점점 더 뒤처지게 되는 문제를 지적하고자 했습니다.

노력하지 못하는 사람들을 지원하는 것은 대단히 어려운 일입니다. 저 역시 예외는 아닙니다. 하지만 그 밑바닥에 깔린 사고방식이나 지원 대상자를 대하는 방식을 연구하면 좀 더 효과적인 지원으로 이어질 가능성이 있습니다. 이 책이 지원을 직업으로 삼고 있는 분들이나, 직업이 아니어도 가족이나 친구를 지원하는 분들에게 조금이라도 도움이 된다면 기쁘겠습니다.

마지막으로 이번에도 저와 뜻을 함께하고 조력해 준 신초샤와 요코테 다이스케에게 진심으로 감사의 인사를 드립니다.

옮긴이 송지현

한국외국어대학교 일본어과 졸업 후 동대학교 일어일문학과 석사과정을 수료했으며, 도쿄대학교 대학원 인문사회계연구과(일본문화연구 전공) 석사 학위를 취득했다. 현재 번역 에이전시 엔터스코리아에서 출판기획 및 일본어 전문 번역가로 활동하고 있다. 역서로『끝까지 해내는 아이의 50가지 습관』『정의감 중독 사회』『10대를 위한 관계 수업』『오늘도 고바야시 서점에 갑니다』『마음의 병에 걸리는 아이들』『생각 비우기 연습』『어른의 말센스』『어린이 철학 카페』『어떤 전쟁』『올빼미 연구 노트』등이 있다.

노력하지 못하는 아이들, 보호자, 지원자를 위한 실천 가이드
노력이 재능이라면

1판 1쇄 발행 2025년 7월 10일	지은이　미야구치 코지
	옮긴이　송지현
	마케팅　용상철
	인쇄　　도담프린팅

펴낸이　백지선
펴낸곳　또다른우주
등록　　제25100-2025-0000023호(2021년 5월 17일)
전화　　02-332-2837
팩스　　0303-3444-0330
이메일　anotheruzu@naver.com
블로그　blog.naver.com/anotheruzu

ISBN 979-11-93281-12-3 03180

* 잘못 만든 책은 구입처에서 바꾸어 드립니다.
* 이 책의 전부 또는 일부를 이용하려면 저자와 또다른우주 양쪽의 서면 동의를 받아야 합니다.